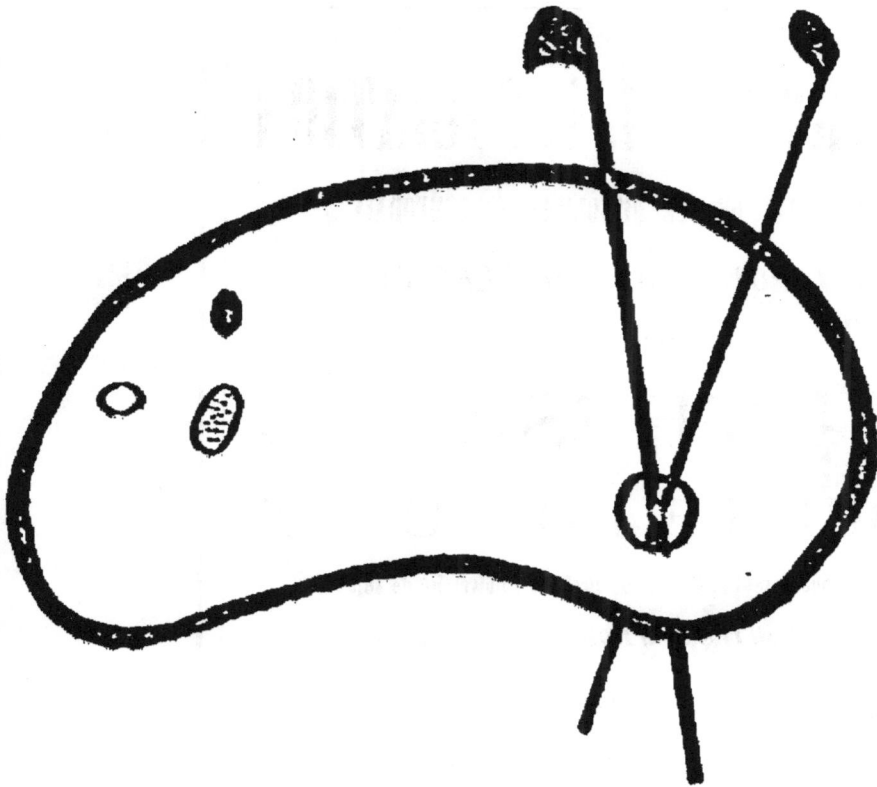

DEBUT D'UNE SERIE DE DOCUMENTS
EN COULEUR

UNIVERSITÉ DE DIJON

FACULTÉ DE DROIT

LE DROIT A L'ASSOCIATION

AU POINT DE VUE HISTORIQUE CONTEMPORAIN

ET AU POINT DE VUE LÉGISLATIF

THÈSE

POUR LE DOCTORAT

Soutenue devant la Faculté de Droit de l'Université de Dijon

Le Jeudi 14 Janvier 1897, à 1 heure 1/2 du soir

PAR

Marcel BASSEVILLE

SOUS LA PRÉSIDENCE DE M. GAUDEMET, PROFESSEUR

Suffragants : { M. BONNEVILLE, professeur.
{ M. DESLANDRES, professeur.

BEAUGENCY

IMPRIMERIE & STÉRÉOTYPIE J. LAFFRAY

1897

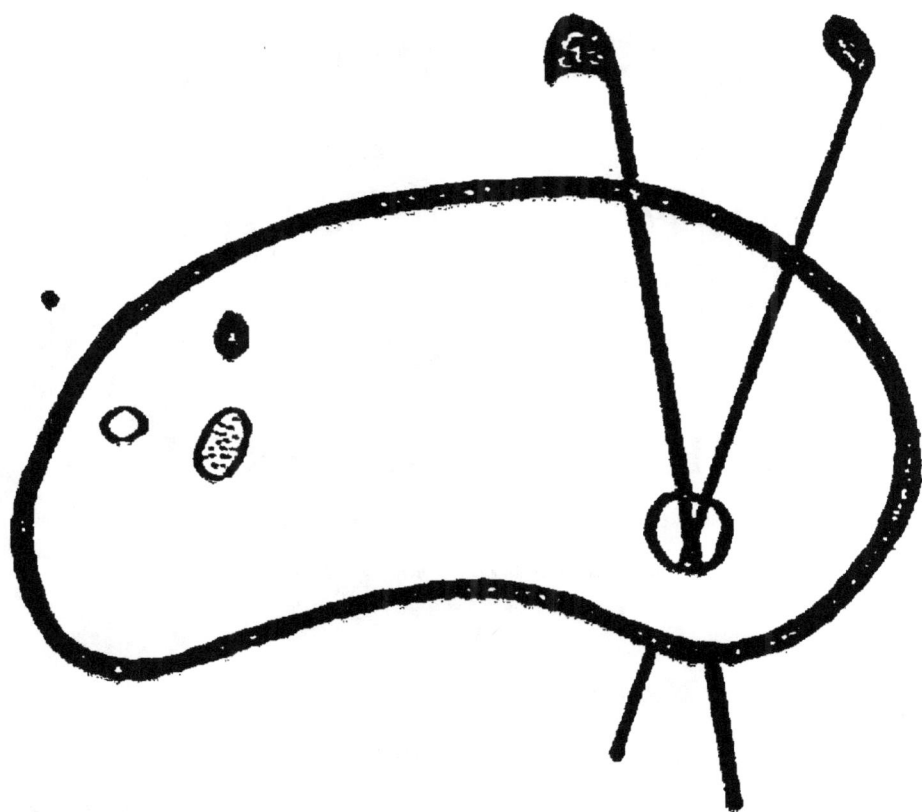

FIN D'UNE SERIE DE DOCUMENTS
EN COULEUR

UNIVERSITÉ DE DIJON

FACULTÉ DE DROIT

LE DROIT A L'ASSOCIATION

AU POINT DE VUE HISTORIQUE CONTEMPORAIN

ET AU POINT DE VUE LÉGISLATIF

THÈSE
POUR LE DOCTORAT

Soutenue devant la Faculté de Droit de l'Université de Dijon

Le Jeudi 14 Janvier 1897, à 1 heure 1/2 du soir

PAR

Marcel BASSEVILLE

SOUS LA PRÉSIDENCE DE M. GAUDEMET, PROFESSEUR

Suffragants : { M. BONNEVILLE, professeur.
{ M. DESLANDRES, professeur.

BEAUGENCY

IMPRIMERIE & STÉRÉOTYPIE J. LAFFRAY

1897

A MON PÈRE ET A MA MÈRE

Hommage d'affectueuse reconnaissance.

———

A TOUS CEUX QUI ME SONT CHERS

PRÉFACE

« La France, a-t-on dit, est le pays où l'on respecte toutes les libertés. »

Il suffit de jeter les yeux sur les pages de notre histoire contemporaine, de consulter les débats législatifs de notre siècle, pour y remarquer les efforts accomplis jusqu'à ce jour par ceux qui veulent faire dominer chez nous tout ce qui forme l'apanage d'un pays libre.

Depuis la déclaration des droits de l'homme qui posait le principe des libertés essentielles au citoyen jusqu'aux lois les plus récentes de la troisième République, la liberté a subi bien des vicissitudes, elle a rencontré bien des obstacles : elle les doit à la diversité des régimes qui se sont successivement disputé le pouvoir. Malgré cela, en fouillant dans l'arsenal actuel de nos lois, nous trouverions quelques articles fondamentaux qui, réunis ensemble, pourraient s'intituler : « le code de nos libertés publiques. »

Sans nous laisser arrêter par l'étude de certaines libertés inhérentes à tout citoyen, comme sont par exemple : l'inviolabilité du domicile, la liberté du travail, il est facile de constater que dans l'ordre intellectuel d'abord, la liberté n'a pas été ménagée à l'homme par les lois qui nous régissent actuellement. Personne n'a jamais voulu retirer aux citoyens Français le droit de s'instruire; bien plus, il a fallu qu'une loi intervint le 28 mars 1882 pour leur enlever, au nom de l'intérêt général, la liberté de ne pas apprendre.

L'article 10 de la déclaration des droits de l'homme et toutes les constitutions françaises du siècle nous ont donné la liberté de conscience.

Mais l'homme n'a pas été créé par Dieu pour rester au dedans de lui-même, il faut qu'il entre en communication de pensées, de sentiments, avec ses semblables; il faut qu'il puisse prier avec eux, au gré de ses désirs et suivant ses croyances : aussi la liberté des cultes inscrite dans la déclaration de 1789 a-t-elle toujours été reconnue depuis, et formulée d'une façon précise par les différents gouvernements qui se sont succédé dans notre pays.

Après s'être ressentie nécessairement pendant de longues années des fluctuations diverses de la politique, la liberté de la presse nous a été donnée le 29 juillet 1881.

Le droit à l'enseignement est le couronnement nécessaire de toutes ces libertés. Aussi, ce n'est pas sans étonnement, pour ne pas écrire, sans douleur, que beaucoup d'hommes sensés ont considéré les luttes acharnées d'où sont sorties victorieuses la loi de 1850 et celle sur l'enseignement supérieur du 12 juillet 1875.

Deux libertés restaient à conquérir, attachées l'une à l'autre par des liens communs, parfois invisibles, libertés nécessaires et sacrées, maintes fois réclamées depuis le commencement de ce siècle. Au milieu des polémiques qu'elles ont suscitées, l'une a trouvé la vie : la loi du 3o juin 1881 en effet a consacré le principe de la liberté de réunion.

Pourquoi faut-il que la liberté d'association n'ait pas encore vu le jour? Pourquoi faut-il que notre code pénal apporte une sanction spéciale et rigoureuse au délit d'association? Le droit de s'associer n'est-il donc pas un droit légitime? N'a-t-il pas été réclamé par les esprits les plus éminents, les philosophes les plus sérieux? les pages de notre histoire sont-elles donc muettes à son sujet? Ce qui prouve sa légitimité, pour mieux dire, sa nécessité, c'est la quantité de projets de lois qu'il fait éclore et dont la plupart sont dûs à l'initiative de jurisconsultes remarquables.

Écrire l'histoire du droit à l'association, en nous plaçant surtout au point de vue législatif contemporain, ce sera, il nous semble, un moyen de démontrer sa nécessité. Loin de nous la pensée d'échafauder un nouveau projet de loi, là où les esprits les plus éminents ont échoué, sur un terrain ou les Chambres françaises ne sont pas arrivées à s'entendre.

Nous n'avons eu dans toute la suite de cet ouvrage qu'un seul but : établir les causes qui légitiment le droit à l'association, et rechercher les obstacles qui se sont opposés jusqu'ici à l'avènement de cette liberté !

CHAPITRE PREMIER

LE DROIT A L'ASSOCIATION

§ I.

A. — On peut définir l'association de la façon suivante : C'est l'union de plusieurs individus libres qui,
dans l'intention de participer aux mêmes charges et de
profiter des mêmes avantages, mettent en commun dans
une mesure qu'ils déterminent leur bonne volonté, leurs
facultés, leurs connaissances, leur activité et leurs res-

sources, pour atteindre un but de progrès intellectuel, professionnel ou social. Cette union suppose entre toutes les personnes qui la composent une entente préalable, une organisation permanente et tels seront les caractères essentiellement distinctifs de toute association.

B. — Il importe avant tout, de ne pas confondre l'association avec d'autres assemblées qui s'en rapprochent par bien des côtés et qui sont régies actuellement par une législation toute spéciale. Nous voulons parler de la réunion et de la coalition.

Combien de textes de lois ont confondu dans une même disposition le droit d'association et le droit de réunion! Tous deux, en effet, supposent entre les hommes un accord commun, un groupement nécessité le plus souvent par une communauté de pensées, d'idées, voire même d'affections. Tous deux ont le même point de départ, ils s'appuyent sur cette même maxime. « L'Union fait la force. » Ils sont appelés à rendre de grands services dans une nation, et, s'ils peuvent engendrer des prodiges, ils sont également capables de causer bien des maux.

Quel est donc le critérium certain qui nous aidera à discerner cette liberté d'association que nous appelons de nos vœux, de ce droit de réunion dont l'enfantement a été si douloureux? La meilleure réponse que nous puissions donner à cette question se trouve formulée dans la discussion de la loi du 10 avril 1834. M. Hervé député s'exprimait alors en ces termes : « se réunir, c'est vouloir s'éclairer et penser ensemble, s'associer c'est vouloir se concerter, se compter et agir : » De son côté, M. Martin, rapporteur de la commission disait. « Les réunions ont pour cause des événements imprévus, ins-

tantanés, temporaires; le motif venant à cesser, la réunion cesse avec lui. Les associations ont un but déterminé et permanent. Un lien unit entre eux les associés :
le plus souvent une cotisation vient pourvoir aux moyens
d'exécution : des conventions soit verbales, soit écrites
leur donnent un caractère de permanence qui les fait facilement discerner. » Un but arrêté et permanent, une
action également permanente, un lien solidement établi entre tous les membres, tels sont donc les caractères distinctifs de l'association. La permanence dans
le but et la permanence dans l'action, voila le critérium
que nous cherchions.

Ainsi, il y a réunion, quand des hommes se
concertent ensemble mais accidentellement sur le
choix d'un sénateur à élire ou d'une pétition à signer.
Ces réunions deviennent-elles périodiques et non inter-
rompues, leurs membres poursuivent-ils un but commun, par exemple, la chute d'un parti au pouvoir;
sont-ils forcés pour arriver à la réalisation de leurs
vœux d'alimenter une caisse sociale et de se conformer
à des statuts, il y a association. On se réunit pour discuter, on s'associe pour agir.

Ces deux droits se distinguent encore entre eux au
point de vue des services qu'ils peuvent rendre et surtout des inconvénients qu'ils peuvent occasionner dans
un État. La réunion est en soi plus dangereuse que
l'association, car elle permet à un grand nombre de
personnes de se concerter directement, elle les met rapidement en mesure pour une action immédiate et collective. Grâce à elle les passions s'échauffent : Elle est
un moyen de préparer les mouvements insurrectionnels. Le droit d'association, de son côté, est une source

plus grande d'inconvénients, én ce qu'il engendre le groupement solide, compact d'individus, en ce qu'il facilite un concert long et prémédité. Grâce à lui on peut mûrir à l'avance un projet d'action collective, on peut se ménager des ressources.

Il est également entre l'association et la coalition des traits distinctifs qui ont été souvent méconnus, car, de nos jours surtout, avec la multiplicité des syndicats, coalition et association ne tardent pas à se confondre. Il est pourtant facile de remarquer que l'association embrasse dans sa généralité toutes les formes qu'il plait à l'esprit humain de revètir, tandis que le mot de coalition est d'une portée moins grande que son terri- toire est moins circonscrit. On s'associe aussi bien au point de vue musical qu'au point de vue religieux, dans un but philanthropique que dans un but mercantile. La coalition, au contraire, n'éveille autour d'elle que les notions de patrons et d'ouvriers, ou de producteurs et de consommateurs. Son but est tout particulièrement d'arriver à modifier les conditions du travail ou celles de l'échange. A ce point de vue, l'entente préalable peut très bien exister comme dans l'association : mais ce qui fait défaut c'est cette permanence dans l'action que n'atteint la coalition que le jour où elle devient elle- même association. La réunion de personnes coalisées n'a jamais lieu que contre quelqu'un ou contre quelque chose. Il y a toujours un caractère marqué d'hostilité, ce qui ne se rencontre que rarement dans l'association. Enfin depuis le 25 mai 1865, les articles 414 et suivants du code pénal ne punissent la coalition que lorsqu'elle emploie la violence, les voies de fait ou les manœuvres frauduleuses. L'association constitue toujours au contraire un délit spécial prévu par les articles 291 et suivants du code pénal.

§ II.

1° Ces préliminaires posés et ces distinctions fondamentales mises à part, il est important d'examiner la structure de l'association, d'étudier les moyens d'action qu'elle comporte et les degrés de coordination dont est elle susceptible.

Toute association, toute assemblée d'individus unis dans un même but, pour une durée si courte soit-elle, ne fonctionnera vraiment bien que s'il se trouve à sa tête un chef pour la représenter et la diriger, que si elle a su se dicter à elle-même son réglement et ses lois, que si elle sait avoir à sa disposition des ressources suffisantes pour subvenir à ses besoins multiples et exercer autour d'elle l'influence qu'elle désire. Un directeur, des statuts, un patrimoine, tels sont les éléments essentiels de toute association digne de ce nom et capable de prospérer.

Les associés choisissent parmi eux un ou plusieurs administrateurs qui assurent le bon fonctionnement de la société et veillent à ce qu'elle ne dévie pas du but qu'elle s'est primitivement assigné. Les directeurs ou administrateurs sont les mandataires de leurs coassociés, il les représentent dans tous les actes judiciaires ou extrajudiciaires où l'administration est en jeu. Mais ce n'est pas assez d'assurer l'unité d'action, il faut encore que tous les membres se conforment à la même loi, obéissent aux mêmes réglements : l'unité de conduite est également nécessaire : ce sont les statuts de l'association, statuts librement consentis. acceptés, votés même par tous les associés qui formeront la règle à suivre.

Un des éléments les plus indispensables à l'association, celui qui contribuera le plus à lui assurer le succès de son entreprise, c'est sans contredit son patrimoine. L'argent est le principe vital de l'association comme il est le nerf de la guerre. Ce patrimoine sera alimenté par les cotisations des membres, les dons et legs de toutes sortes, les acquisitions de valeurs mobilières ou d'immeubles qui surviendront par la suite. Grâce à lui l'association pourra suivre sa marche ascendante et prospérer dans l'avenir, elle vaincra toutes les difficultés qui se rencontreront sur son chemin; elle atteindra le but qu'elle se propose d'autant plus commodément que ses ressources seront plus élevées.

2° Si ces éléments fondamentaux : Directeurs, Statuts. Ressources budgétaires, se rencontrent ou doivent se rencontrer dans toutes les associations, il ne faut pas croire que toutes soient modelées sur le même moule, constituées d'après le même type. Autant de sociétés, autant d'aspects différents. Les degrés de l'association varient à l'infini. Elle comporte mille formes diverses. C'est un écran remarquable derrière lequel viennent se refléter une foule d'images aussi disparates entre elles que variées dans leurs éléments. Encore, n'entendons nous parler que des associations de personnes, associations purement « idéocratiques » et passer sous silence les nombreuses sociétés de capitaux, civiles ou commerciales qui couvrent en ce moment le sol de toutes les nations civilisées et auxquelles le législateur a distribué ses faveurs.

La classification des associations a toujours donné lieu à de grandes difficultés, et personne jusqu'ici n'a pu les cataloguer d'une façon complète.

On peut, il nous semble, envisager les associations à un double point de vue. Soit que l'on considère le lien plus ou moins intime qui relie entre eux les associés, soit que l'on envisage les idées qui forment la base sur laquelle s'est édifiée l'association. Si l'on se place au premier point de vue, on pourrait classer les associations en trois catégories. Les individus peuvent être reliés les uns aux autres par des liens fictifs, purement intellectuels; ils ne se réunissent jamais, ils se contentent d'échanger leurs impressions par écrit et ils ne se tiennent au courant des agissements de l'association que par la lecture des comptes-rendus. Telle la Société de Secours aux Blessés des armées de terre et de mer. Telles les Sociétés des Amis de l'Université. Telles certaines Associations de bienfaisance fondées dans tous les grands centres intellectuels. Ou bien ce sont des personnes d'une même région, d'un même département, d'une même ville, qui se groupent dans un intérêt commun et qui échangent leurs manières de voir dans des réunions à jours marqués, à intervalles fixes. Les hommes se voient, les moyens d'exécution se combinent, les opinions se déploient avec une force et une chaleur que ne peut jamais atteindre la pensée écrite. Telles la plupart des associations scientifiques et littéraires, dont les types les plus remarquables sont ces académies et ces corps savants qui jettent à l'heure actuelle sur notre pays un si brillant éclat. Enfin, non

contents de se réunir d'une façon périodique, les divers
associés s'abandonnent tout entiers à l'œuvre collective,
mettent en commun tout ce qu'ils possèdent pour vivre
sous un même toit et se soumettre au même genre d'existence. Les congrégations religieuses sont l'exemple le
plus remarquable, pour ne pas dire unique de cette
troisième catégorie d'associations.

En prenant pour point de départ le but qu'ont en
vue les associés, on peut répartir les associations en
plusieurs catégories. Elles sont politiques, scientifiques,
philanthropiques ou religieuses, suivant le genre d'idées
dont les membres se proposent d'assurer le triomphe.
Sous le nom d'associations scientifiques, nous classe-
rions toutes les associations créées en vue de propager
l'enseignement à tous ses degrés, de faciliter l'avance-
ment des lettres, des sciences, des arts, de l'agriculture, de l'industrie. Quant aux associations religieuses,
elles se subdiviseraient nécessairement : ou bien les
individus sont laissés à eux-mêmes et se contentent
d'agir entre eux par des écrits ou des réunions politiques. Telle la ligue de Léon Say pour le repos du
dimanche : ou bien les divers membres de l'association
sont embrigadés et vivent d'une vie commune, et alors
nous voyons apparaître les congrégations religieuses.

Quoiqu'il en soit, il est inutile d'insister sur les
formes multiples que l'association peut revêtir. L'esprit humain est ainsi fait, qu'il peut faire varier à l'infini les degrés qu'elle comporte.

3° L'association-type, celle qui réalise au plus haut
degré cette continuité d'efforts vers le même but, cette
permanence dans l'action, et dont la réunion des
membres constitue comme une grande famille toujours

vivante : c'est bien la congrégation religieuse. Dans
cette association, les divers membres sacrifient les plai-
sirs du monde et les joies de la vie de famille pour
aller s'enfermer dans un couvent. Ils abdiquent les
idées d'indépendance si naturelle à l'homme pour se
soumettre tout entiers à l'autorité d'un maître ; ils
quittent leur domicile parfois si confortable pour
mener en commun une existence pleine d'austérité et
consacrée entièrement à une seule œuvre. Ils se dévouent pour enseigner les enfants du peuple ou pour
porter au chevet du malade les consolations de toutes
sortes ; ils travaillent dans un but de philanthropie, il
est vrai, mais aussi avec l'idée arrêtée de faire triompher partout les vérités de l'Église catholique dans le
cœur de laquelle ils vont puiser le secret de leur force
et de leur dévouement. Il ne leur suffit pas de se conformer scrupuleusement au règlement de leur communauté et de faire sans cesse plier leur volonté devant
l'autorité d'un supérieur, ils vont plus loin : ils s'adon-
nent complètement au célibat, renoncent aux douceurs
de la paternité et font parfois entre les mains de leur
association abandon complet de leur corps et de leurs
biens : Obéissance, chasteté, pauvreté, telle est la devise qui remplit le cours de leur existence et qui forme
la base des vœux dont la loi civile s'interdit la reconnaissance depuis cent ans. C'est en prenant pour grief
ces vœux, le plus souvent perpétuels, que beaucoup de
nos législateurs sont partis en guerre contre les congrégations religieuses, leur déniant le caractère d'associations et refusant de leur appliquer par là même le principe de liberté qu'ils réclament depuis si longtemps en
faveur de toutes les autres associations. La plupart ne

voient dans les congrégations qu'un obstacle, qu'une entrave au bas fonctionnement de l'État; ils vont jusqu'à oublier que « plus de 28,000 hommes et de 123,000 femmes sont des bienfaiteurs par institution et des corvéables volontaires, voués par leur propre choix à des besognes dangereuses, répugnantes et tout au moins ingrates : missions chez les sauvages et les barbares, soins aux malades, aux idiots, aux aliénés, aux infirmes, aux incurables, entretien des vieillards pauvres ou des enfants abandonnés, œuvres innombrables d'assistance et d'éducation, enseignement primaire, service des orphelinats, des asiles, des ouvroirs, des refuges et des prisons; le tout gratuitement ou à des prix infimes, par la réduction au minimum des besoins physiques et de la dépense personnelle de chaque religieux ou religieuse. Manifestement, chez ces hommes et chez ces femmes, l'équilibre ordinaire des motifs déterminants s'est renversé; dans leur balance interne, ce n'est plus l'amour de soi qui l'emporte sur l'amour des autres, c'est l'amour des autres qui l'emporte sur l'amour de soi » (1).

On reproche aux congréganistes qui se lient par des vœux d'abdiquer les droits inviolables de l'individu, de renoncer à l'exercice des facultés naturelles à tous les citoyens, telles que celles de se marier, d'acheter, de vendre, de faire le commerce, de posséder. On les accuse de supprimer l'individu qui s'absorbe tout entier dans la congrégation et de s'attaquer aux idées de la société, à ses mœurs, à ses tendances.

(1) Taine. *Origines de la France contemporaine. Régime moderne*, tome II, page 112.

N'est-il donc pas facile de répondre à toutes ces objections, et de démontrer aux adversaires des congrégations qu'ils ont plus d'une fois confondu le domaine de la conscience, qui ne relève que de Dieu, de celui de la loi civile, qui seule appartient à la société.

« La loi, disait dans son rapport de 1888 M. Floquet, ne reconnaît pas ces vœux et leur refuse toute sanction, mais elle ne les prohibe pas non plus, elle les considère uniquement comme des raisons individuelles, ne pouvant s'exercer que par la volonté plus ou moins ferme, plus ou moins soutenue de ceux qui les prennent. Ils n'ont absolument rien d'illicite. Il est permis à tout le monde de ne pas se marier ou de rester pauvre, ou d'accepter la direction de son semblable. A cet égard, la loi, sans pénétrer dans le for intérieur, se contente d'assurer la liberté de chacun. » Selon M. J. Simon (1), « l'État ne connaît pas les vœux et ne peut les connaître, ni pour les autoriser, ni pour les défendre, sous peine d'attenter à la liberté du for intérieur... Aucune loi n'a rendu le mariage obligatoire, aucune n'a obligé à donner à l'association une durée limitée. » En quoi donc l'immolation du croyant nuit-elle à la société générale et au noble but que poursuivent ces sociétés particulières ? La discipline et l'obéissance militaire altèrent-elles donc la valeur du soldat et l'empêchent-elles de s'élever jusqu'à l'héroïsme ? Le serment professionnel qui plane sur la vie entière du magistrat et le suit jusqu'à la tombe obscurcit-il donc sa raison et l'empêche-t-il d'appré-

(1) Rapport de 1882 au Sénat.

cier les actes de ses semblables avec une saine et entière justice ? N'y a-t-il pas là pourtant de sa part un vœu perpétuel ? Est-ce parce que ces religieux font avec la vertu un pacte indissoluble, est-ce parce qu'ils s'enchaînent à Dieu qu'ils n'auraient pas, eux aussi, le droit de former des associations ?

« Les adversaires de la liberté d'association, dit M. Desjardins (1), confondent à chaque article de leur réquisitoire le domaine de la conscience et l'empire de la loi. Ils interviennent par une prétention deux fois chimérique et tyrannique dans les rapports secrets de l'homme avec Dieu. Ils se trompent ».

Il faut donc admettre que les religieux ne sont pas plus amoindris dans leur personnalité que tous les autres êtres sociaux et qu'à l'exemple de ces derniers, ils peuvent très bien former des associations. Bien plus, ils réaliseront par leur rapprochement, par leur docilité, à se conformer aux règlements de la communauté, cette association modèle de toutes les autres, et qui en est le type le plus achevé et le plus parfait : la congrégation religieuse.

Malgré ces considérations, le législateur s'est toujours habitué à regarder l'association et la congrégation comme deux faits dissemblables, et nous nous verrons forcés, dans toute la suite de ce travail, d'adopter parfois cette distinction et de reconnaître que, depuis 1789, certaines lois ont été faites pour réglementer chacune différemment, la congrégation et l'association.

(1) La liberté politique dans l'Etat moderne, page 171.

§ III.

La structure de l'association nous est connue, recherchons-en maintenant les avantages, les bienfaits. Ils sont multiples :

1° Ne suffirait-il déjà pas, pour légitimer le droit à l'association, de proclamer que c'est un droit naturel à l'homme.

En droit strict, l'association n'évoque peut-être que le concours de volontés individuelles qui tendent toutes ensemble à un but commun et spécial. Mais élargissez les bornes de cette définition et toutes les institutions que la terre comporte sembleront devoir être et seront en réalité des associations. L'union de tous les citoyens dans un même pays, le concert de tous les catholiques sous la conduite d'un même chef, l'agrégation de tous les hommes sur la surface du globe, la Nation, l'Église, l'humanité, ne sont-elles pas également des associations ?

Partout où nous rencontrons la trace de l'homme, dans quelque temps que nous étudions son histoire, partout nous trouvons cet instinct qui pousse l'homme libre à s'unir à ses semblables, à s'affilier plus ou moins étroitement à eux : peu importe que ce soit sous forme de phratries comme à Athènes, de ghildes comme chez les Germains, ou de corporations de métiers comme dans notre Moyen-Age. N'est-ce pas déjà la preuve la plus évidente de ce fait que l'association est un de nos droits les plus chers, droit sacré qui a son fondement dans la nature et que les lois d'un pays, si restrictives soient-elles, n'ont jamais pu empêcher à personne de manifester extérieurement.

Aristote, dans son Traité de la Politique, écrivait déjà qu'au fond du cœur de l'homme se trouve cette sympathie qui nous attire les uns vers les autres et nous pousse à concentrer nos efforts vers un but identique τὸ ἀγαθητον et l'on ne comprend même pas comment un philosophe anglais a pu dire que les hommes étaient des frères ennemis : *Homo homini lupus.* Non, Hobbes s'est trompé et il n'aurait eu qu'à jeter les yeux autour de lui pour être obligé de rectifier la phrase que son matérialisme athée et que sa morale égoïste lui dictaient. Combien est sublime au contraire cette parole que le fondateur du Christianisme laissait tomber de ses lèvres, il y a dix-neuf cents ans : Aimez-vous les uns les autres ! Belle devise qui devrait se trouver au frontispice de toutes les associations.

D'ailleurs notre vie n'est-elle pas une société continuelle? Quoi de plus admirable que cette institution sacrée de la famille ou l'amour enchaîne si étroitement tous les cœurs, que cette fiction si légitime qui relie entre eux tous les hommes d'un même pays et les anime d'un même sentiment d'orgueil et d'affection et qu'on appelle la Patrie.

En dehors de ces sociétés si nécessaires et à côté d'elles, il existe des sociétés libres, où l'on n'entre que par un contrat librement consenti et vers lesquelles nous sommes tous portés par un instinct naturel. Après le droit de vivre, il n'est pas de droit plus essentiel à l'homme que celui de combiner ses efforts avec ses semblables et d'agir en commun avec eux. Suivant

M. d'Haussonville « le droit d'association est aussi indispensable à l'homme considéré comme être moral que le droit d'aller et venir est indispensable à l'homme considéré comme être physique » (1).

Il s'est trouvé peu d'auteurs qui à l'exemple de Machiavel et de J.-J Rousseau aient osé contester à l'homme libre ce droit inaliénable et imprescriptible, et la maxime de notre bon La Fontaine :

« Il se faut entr'aider, c'est la loi de la nature »

sera éternellement vraie. Serrer la main de son frère dans la sienne, combiner ses efforts avec ceux de son semblable sera toujours une des satisfactions les plus nobles, un des besoins les plus impérieux des cœurs libres et généreux. Et comment pourrait-on concevoir une limitation quelconque à ce désir si légitime qui pousse deux hommes à s'unir ensemble ? Comment peut-on croire que notre code civil qui reconnaît aux citoyens français le droit d'agir conjointement pour arriver à satisfaire leurs besoins privés, puisse interdire à ces mêmes citoyens le droit de choisir leurs amis et leurs relations et de se mettre en contact avec qui ils jugent convenable dans l'intérêt de leur instruction, de leur distraction ou de leur relèvement moral.

« L'association, dit Baudrillart (2), est dans la nature même, dans les besoins impérieux de l'humanité. Partout où elle peut se produire, elle se manifeste, elle se plie à la diversité même des buts dont l'accomplissement constitue la destinée totale de l'humanité. Partout au sein de la grande société, des sociétés particu-

(1) Discours prononcé le 15 mars 1872 à l'Assemblée nationale.
(2) Liberté du Travail, p. 212.

lières poursuivent un objet spécial. La religion pousse
à l'association : elle enfante l'Église, et au sein de
l'Église, combien d'associations diverses, d'ordres puissants plus durables que des empires. La politique
pousse à l'association. Glorieuses ou coupables, publiques ou secrètes, ces associations remplissent le monde
de leurs œuvres ou de leur bruit. La Ligue, la Fronde,
les clubs de la Révolution, qu'est-ce sinon l'association? L'industrie pousse à l'association autant et plus
que nulle autre puissance. Dans l'isolement l'homme
ne produit rien ou presque rien. L'échange est une
association qui de l'individu s'étend au monde. La division du travail qui a l'air d'isoler les individus aussi
bien que les tâches cache et contient le fait de l'univer-
selle coopération. Association aux mille replis! Échange
immense de services rémunérés, compensés les uns
par les autres, voilà la société. •

L'association est donc un fait universel. Mis au
cœur de l'homme par Dieu, ce penchant naturel ne
saurait plier devant aucune législation humaine, toutes
les fois qu'il tend à la réalisation du vrai, du beau ou du
bien. La Révolution en dressant la liste des droits de
l'homme a eu le tort de méconnaître cette aspiration
si légitime du cœur humain qui unit les hommes entre
eux, et elle a eu le tort plus grand encore, pour ne
pas dire le crime, de faire table rase de toutes ces
grandes institutions qui formaient comme les derniers
et les plus beaux vestiges de l'ancien régime. Elle
croyait par là proclamer la souveraineté du peuple et
faire régner dans le cœur la devise qu'elle avait déjà
inscrite au frontispice de tous ces monuments. En
négligeant de proclamer la liberté d'association, en

détruisant toutes les sociétés, toutes les corporations et toutes les confréries alors existantes, la Convention supprimait du même coup et l'égalité, et la fraternité et la liberté.

Ce sentiment de sociabilité naturelle à l'homme ne le porte pas seulement à s'unir à ceux qui comme lui sont enfants du même pays, sujets d'une même nation. La sphère d'activité du droit d'association peut s'élever au-dessus des divisions de rues et des démarcations de frontières, l'association internationale est le produit naturel et pour ainsi dire spontané des besoins qu'elle a pour but de satisfaire. Elle s'explique par les affinités secrètes et profondes que l'homme a pour l'homme malgré les différences de race, de langue, de mœurs et de milieu : affinité révélant entre ceux qui s'associent quelque chose de plus qu'une solidarité momentanée d'intérêts, l'indispensable lien qui résulte de l'unité d'origine et de la communauté de destinée. N'est-il pas très naturel que les savants de plusieurs pays s'assemblent pour discuter en commun les sujets qui, à l'heure actuelle, nous préoccupent tant et demandent des solutions nettes et précises?

Si l'association est un droit si naturel, elle doit à l'exemple de tous nos penchants enfanter bien des prodiges, mais aussi produire bien des abus. Semblable à la langue dont parle Ésope, elle doit être la source de tous les biens, mais aussi l'origine de maux nombreux. Quoiqu'il en soit, ses avantages sont incontestables, ils se manifestent sous toutes les formes : ils se font sentir aussi bien chez l'individu que dans la société et dans l'État. Si l'association concourt au perfectionnement individuel, elle joue également un rôle social et politique.

2° L'individu isolé comptant sur ses propres forces, n'osera jamais entreprendre une œuvre de longue haleine que la modicité de ses ressources l'empêchera de conduire à bonne fin. Le travail qu'il pourra accomplir dans le silence de son cabinet ne lui donnera pas de relief et ne sera pas récompensé. Mais associez ce travailleur, ce penseur à des hommes qui comme lui font de l'étude leur principale occupation, un changement subit s'opère en lui. Ce que seul il n'avait pas la tenacité de faire paraître au public, il ne tardera pas à l'accomplir, s'il est soutenu par l'exemple de ses coassociés. Sans le contact cet homme va dépérir, et ses réflexions personnelles ne seront vraiment réveillées qne par l'instruction et le commerce avec d'autres personnes auxquelles il communiquera ses idées et qui de leur côté recevront communication des siennes. Ce sera alors pour lui le plus sûr moyen d'éducation et de culture.

« Toute puissance est faible à moins que d'être unie. »

Bien plus, l'homme isolé, concentré en lui-même se verra sans cesse retardé dans sa marche en avant et pliera nécessairement sous le poids des difficultés dont sa route est semée ; semblable à une poussière qu'emporte le vent, il sera souvent atteint d'un mal qui le paralyse et le mine : le découragement. Qu'il s'associe et il trouvera aussitôt près de lui quelqu'un qui relèvera son courage et l'aidera à accomplir son œuvre. « Le plus grand mal de l'âme, a dit M. de Tocqueville, c'est le froid. Pour combattre ce mal redoutable, il faut entretenir le vif mouvement de l'esprit non seulement par le travail, mais aussi par le contact des hommes et des affaires » (1).

Dans l'association, l'homme fort et sûr de son droit pourra compter sur l'appui des autres, il pourra se fier aux conseils et aux encouragements de celui qu'il s'est volontairement choisi comme supérieur et tout en menant à bonne fin l'œuvre de l'association, il accomplira également avec succès la sienne propre. « En travaillant pour la ruche, a dit Bentham, l'abeille travaille pour elle-même. »

3º Si elle est pour l'individu un merveilleux instrument de perfectionnement, l'association joue également un rôle social considérable. C'est peut être son plus précieux avantage. Il est beau, certes, et consolant de voir deux hommes marcher la main dans la main, soutenir ensemble les luttes de l'existence et donner ainsi l'exemple de la fraternité et de la solidarité. Mais combien il est plus admirable de considérer les résultats sociaux qu'une telle association peut enfanter. L'association est une véritable force, c'est le levier destiné à soulever le monde. « *Meliùs est duos simul quam unum. Habent enim emolumentum societatis suæ. Si unus ceciderit, ab altero fulcietur. Væ soli, quia quum ceciderit non habet sublevantem se* (1). *Frater qui adjuvatur a fratre quasi civitas firma* » (2).

Ce que la Bible nous dit en termes si énergiques, l'expérience de chaque jour nous le démontre et les

(1) Cité par M. Eymard-Duvernay, dans son rapport du Sénat. Mars 1882.

(1) Eccles. IV, 9-12

(2) Prov. XVIII, 19.

faits sont là pour affirmer la force de l'association constamment dirigée vers le même but. Avec elle, les
sacrifices sont diminués et les bénéfices procurés sont
plus appréciables. Deux hommes soulèvent un fardeau
qu'un seul ne peut soulever. Là où il fallait une lampe
pour éclairer une personne, il n'en faudra qu'une également pour en éclairer deux.

Dans l'association, ce ne sont pas des forces individuelles qui s'ajoutent les unes aux autres, ce sont des
forces individuelles qui se multiplient l'une par l'autre
en se réunissant. C'est tout autre chose qu'une simple
juxtaposition d'individus.

Elle a de plus l'avantage de pouvoir être immortelle,
toujours valide, toujours active. Elle n'a ni enfance,
ni jeunesse, ni vieillesse, elle ne connaît ni le chômage,
ni les maladies. Par la solidarité, elle a le crédit, la
sécurité, la continuité, la possession anticipée de l'a-
venir, elle peut à son aise se livrer aux opérations à
longue échéance. L'homme isolé réduit à ses seules
facultés est un être chétif : s'il unit ses efforts à ceux
de ses semblables, il ne tarde pas à créer la sécurité,
l'abondance et la force.

Non seulement, dans l'association, les forces individuelles se sont accrues et multipliées, mais elles se
sont encore coordonnées, grâce à l'unité de direction si
profitable au succès de l'œuvre. Tout en permettant au
petit capitaliste l'accès des entreprises de toutes sortes,
l'association crée la division du travail : Chacun s'a-
donne autant que possible à l'œuvre à laquelle il se
sent le plus spécialement appelé sans toutefois s'isoler
entièrement.

Les résultats qu'engendrent chaque jour les sociétés

de toutes sortes sont la preuve indéniable de leur puissance. « Dans l'ordre matériel, dit M. Desjardins (1),
l'association a bâti des villes, fertilisé des déserts, ou-
vert des routes, creusé des canaux, construit des chemins de fer, couvert le monde de réseaux télégraphi-
ques et téléphoniques, centuplé les forces productives :
dans l'ordre intellectuel et moral, elle a civilisé le globe,
porté jusqu'aux extrémités du monde l'Evangile, c'est-
à-dire le code même de la justice et de la charité, com-
battu l'esclavage, adouci les maux de la guerre, sou-
lagé toutes les infortunes et pansé toutes les plaies de
l'humanité. Ce n'est pas seulement au berceau du
genre humain que les hommes isolés et faibles, ont
enlacé leurs mains pour concentrer et multiplier leurs
forces; l'association n'avait pas du premier coup
mesuré son empire et n'a pris qu'insensiblement la
conscience de son pouvoir. Elle sait aujourd'hui non
seulement que là où un seul ouvrier passait plus d'un
jour à faire une seule épingle, dix ouvriers associés en
fabriquent des centaines de mille en quelques heures,
mais encore que l'échange des vues, la communication
des idées et des espérances, l'exemple et l'émulation
peuvent développer dans des proportions inouïes la
puissance matérielle et la grandeur morale de la famille
humaine. Elle a fait ses preuves et par là même conquis
sa place. »

Que de choses d'ailleurs, faites par les associations
qui ont dispensé l'État d'assurer son intervention et
par là même de dépenser une partie de ses ressources.

N'a-t-on pas maintes fois remarqué que tous les

(1) *Op. cit.*, p. 149.

progrès de l'humanité, que tout le bien fait dans le monde ont été opérés par les associations, surtout sur un terrain ou l'État eut pu mal diriger ses pas. Sans parler des perfectionnements accomplis dans l'antiquité par les académies de la Grèce, au Moyen-Age par les cénobites chrétiens et les corporations d'arts et métiers, l'esprit d'association n'a-t-il pas toujours à notre époque précédé le pouvoir dans la voie du progrès? N'est-ce pas lui qui a fondé le crédit commercial, creusé les canaux et étendu sur l'Europe les réseaux de chemins de fer? Non seulement l'association dispense l'Etat de faire des œuvres qu'il aurait de la difficulté à entreprendre, mais elle accomplit des prodiges là ou l'Etat est obligé d'avouer son incapacité. Les œuvres accomplies journellement par les associations prouvent leur supériorité et leur puissance. Qu'est-ce donc que l'administration sanitaire de la guerre à côté de la Croix-Rouge? Que peut le Gouvernement pour rassembler tous les documents étrangers nécessaires à nos législateurs pour la préparation des projets de lois à côté de la Société de législation comparée?

Bien plus, sans l'association, il est impossible d'exercer une charité efficace. Que serviront les efforts quelquefois inutiles de l'État, du département et de la commune pour soulager la misère; combien seront insuffisantes les ressources fournies par les hôpitaux et les bureaux de bienfaisance, combien sera vaine et stérile, en un mot, la charité officielle et publique, si les sociétés privées ne viennent faire sentir leur douce et bienfaisante influence? Qu'il soit permis à toutes les associations charitables, catholiques, protestantes ou israélites, religieuses ou non, d'exercer la mission à laquelle elles se croient destinées et alors on verra ce que peut l'union des cœurs généreux, le concert des âmes dévouées dans un pays comme le nôtre où les cœurs sont tendres et les mains larges pour soulager ceux qui souffrent.

Mais là ne se borne pas le rôle social de l'association, elle va plus loin. Ce qu'aucune institution n'avait pu produire avant elle, elle l'obtient sans difficulté, et c'est là peut-être ce qui forme sa principale raison d'être. Elle assure l'équilibre entre toutes les forces sociales du pays. Elle détruit la funeste concurrence. Elle supprime entre le patron et l'ouvrier cette barrière infranchissable qui excite les haines des classes inférieures de la société. Elle permet de cimenter une union durable entre les chefs d'industrie et les ouvriers, en assurant à ceux-ci une part équitable dans les fruits de leurs sueurs. Les conditions de la vie sociale actuelle créent aux travailleurs une impérieuse nécessité de se réunir en une société de protection mutuelle où ils puiseront « l'économie et le bon usage de leurs salaires, des sentiments de paix, de bienfaisance et d'affection envers les autres et enfin le désir de l'estime publique, l'amour et l'habitude de la bonne conduite. »

« L'association, dit Laboulaye, est le ciment des sociétés, sans elle, la force est la loi du monde, avec elle, cette loi c'est l'amour. »

4° Si l'association joue au point de vue social un rôle si important, son heureuse influence se fait également sentir au point de vue politique. Elle aide puissamment la formation des partis en présence. C'est une garantie nécessaire contre la tyrannie de la majorité. La minorité peut, grâce à elle, opposer sa force morale tout entière, à la puissance matérielle qui l'opprime. Sans elle, les individus isolés ne peuvent former que des plaintes stériles ; ils n'ont ni la force, ni les moyens de faire prévaloir leurs droits. Elle est le corollaire nécessaire du droit électoral, elle permet d'exercer ce droit avec ensemble et liberté.

« Pour exercer le droit d'élection, disait Odilon Barrot, le 17 mars 1834, à la Chambre des députés, il faut s'entendre, il faut se réunir, mettre ses pensées en commun, faire passer à l'épreuve de la discussion les candidats, se préparer longtemps à l'avance, surveiller l'inscription sur les listes et la fidélité de ces listes, vaincre cet égoïsme, cette paresse, qui n'existent que malheureusement trop dans certaines parties de la population. » Eh bien ! tous ces résultats ne seront obtenus que par l'association. Dans notre pays, où chacun peut être appelé à participer à l'action gouvernementale, elle est le meilleur apprentissage de la vie publique. « Elle habitue, disait M. Floquet, les citoyens à ne pas séparer le bien de chacun du bien de tous » (1).

L'association enfin peut créer un centre de résistance, un moyen d'action, des forces sociales en un mot, qui peuvent être un obstacle aux empiètements et au pouvoir exagéré de l'État.

Les bienfaits de l'association sont innombrables, nous venons de le constater, et cela à quelque point de vue que l'on veuille se placer. Ce n'est pas à dire, toutefois, que chaque association, quelle que soit sa

(1) Projet de 1888.

nature, renferme à elle seule tous ces avantages. Les résultats qu'elle produit varient beaucoup avec le but qu'elle se propose. Une académie littéraire, par exemple, agira beaucoup plus sur le développement intellectuel de chacun de ses membres qu'une Société de bienfaisance ; mais réciproquement, cette dernière jouera, au point de vue social, un rôle plus influent qu'une Société de gens de lettres. Il n'est véritablement qu'une association qui puisse posséder à elle seule toutes les qualités que nous avons énumérées, qui puisse enfanter tous les prodiges dont nous avons parlé. C'est la congrégation religieuse. Ce résultat tient surtout, pour ne pas écrire uniquement, au mode d'existence du religieux qui concentre toute son activité, toutes ses forces, sa vie entière sur un seul point : accomplir la fin que l'association dont il est membre s'est proposée. Prenons, par exemple, l'ordre des Jésuites, ordre influent par excellence et auquel les attaques n'ont pas été ménagées depuis bien des siècles. Qui osera contester la culture intellectuelle, le perfectionnement moral qu'atteignent ces religieux habitués à vivre dans la retraite du cloître où ils sont initiés aux études les plus ardues, aux exercices les plus austères. Leur influence au point de vue social est également incontestable. Qu'ils montent dans la chaire du professeur ou dans celle du prédicateur, ils savent entraîner à leur suite toute une pléiade de jeunes gens et d'hommes mûrs auxquels, par leurs enseignements, ils essaient de tremper virilement l'intelligence et la volonté. Leur rôle politique a-t-il donc été si effacé et n'est-ce pas une des causes perpétuelles des luttes que le pouvoir central a toujours exercées contre cet ordre puissant ?

§ IV.

Il ne suffit pas d'envisager tous les bons résultats que l'association peut produire, il faut également considérer les dangers dont son exercice est susceptible. Après avoir recherché les uns et les autres, nous nous demanderons si réellement un État doit favoriser ou empêcher le développement des associations.

1° L'association, avons-nous dit, facilite le développement intellectuel de l'individu qui en fait partie. N'est-il pas à craindre parfois que quelques associés ne soient victimes de l'oppression qu'exerceront sur eux des meneurs audacieux et qu'ils ne deviennent alors « des instruments inconscients entre des mains coupables. » Ne peut-il pas arriver que des ambitieux, dévorés par la soif des honneurs, ne se servent de leurs coassociés comme de caudataires et n'entravent par là même leur liberté d'action ? Alors qu'adviendra-t-il ? Ces malheureux, n'osant même pas briser les liens qui les rattachent à l'association, et voyant réduire à néant les efforts qu'ils font pour aboutir, joueront le rôle d'opprimés, leurs facultés s'étioleront, les sentiments généreux qu'ils pouvaient ressentir en eux-mêmes s'évanouiront. Semblables à ces fleurs exotiques qui, élevées en serre chaude, finissent par s'y faner et dépérir, ainsi ces hommes, victimes d'une force brutale, seront pris de découragement, leur initiative individuelle s'affaiblira. Ils ne compteront plus sur eux, ils compteront sur les autres et finiront par perdre jusqu'à la notion même de la responsabilité. Les résul-

tats de l'association seront alors tout différents de ceux
que l'on était en droit d'en attendre. Le contact de
tous ces hommes sera pernicieux pour les oppresseurs
et pour les opprimés. « L'homme, a dit M. Gide, ne
doit pas être un instrument pour l'homme. Cela est
mauvais pour celui qui sert d'instrument et pire pour
celui qui s'en sert. »

2° Les efforts de l'association ne sont pas seulement
nuisibles à l'individu, ils peuvent devenir pour la
société elle-même une source d'inconvénients et de
fâcheux résultats. L'esprit de corps, égoïsme collectif
plus pernicieux encore que l'égoïsme individuel, plus
réfractaire que ce dernier au sentiment de l'utilité
générale, peut engendrer entre les diverses associations
bien des conflits : il peut être la cause, entre les
diverses classes de la société de ces luttes sans fin, d'où
les vainqueurs eux-mêmes sortent exténués et amoindris. Grâce à l'association, les individus peuvent mieux
s'entendre, ils peuvent comploter en grand nombre et
on a vu, à maintes reprises, des syndicats ouvriers
ayant à leur tête des meneurs inexpérimentés ou dangereux compromettre l'avenir de leurs camarades et la
fortune des patrons. Si les associations sont tolérées
dans l'État, sont encouragées par lui, qu'arrivera-t-il ?
les malfaiteurs eux-mêmes profiteront des lois de
faveur qui leur sont offertes et, se liguant contre eux,
ils deviendront pour leurs concitoyens et pour la
société entière une cause de trouble et d'effroi.

L'écueil le plus grand que la société ait à franchir,
l'assaut le plus redoutable qu'elle ait à subir se trouvera dans l'accumulation des biens que ne manquent
pas de faire les associations. Grâce aux cotisations des

associés, grâce aux dons qui leur seront faits, grâce
encore aux acquisitions de toutes sortes qu'elles pourront effectuer, les diverses Sociétés deviendront, par
suite de leur incessante et perpétuelle vitalité, des
gouffres toujours ouverts, où viendront s'engloutir des
trésors de toutes sortes, tant mobiliers qu'immobiliers.
On verra alors renaître comme autrefois les effets
jugés si funestes de la mainmorte. Ce genre de
propriété, dit-on, est contraire au bien général de la
société. Au point de vue de la répartition de la
richesse, il y aurait un danger grave à laisser se concentrer des biens, d'une façon excessive, entre les
mains d'êtres moraux qui, n'ayant pas de durée
limitée, poursuivront aussi à travers des siècles, une
œuvre d'accumulation progressive. Les biens de mainmorte, ajoute-t-on, sont mis hors du commerce ; ils
entrent très rarement dans la voie des échanges. La
circulation de la richesse en souffre. On allègue encore
que de tels biens sont peu productifs ; la propriété
privée ne se contentant pas, comme le plus souvent la
mainmorte, des produits spontanés de l'activité naturelle des terres, en fait jaillir toute la force, toute la
sève, toute la vie qui y sont renfermées. On invoque
encore les intérêts du fisc, qui voit diminuer par là,
directement tout au moins, les produits des droits de
mutations (1).

3° La société n'est pas seule à souffrir des dangers de
l'association, l'État lui-même, le gouvernement peut
en redouter les funestes effets. Certaines associations

_____

(1) La plupart de ces objections ont été maintes fois victorieu-
sement réfutées.

peuvent tendre à envelopper le pays de leur vaste
réseau. Leur objet est le même que celui du gouvernement. Leur but est de le gêner, de l'attaquer, de le
suppléer, de le supplanter. Elles veulent détruire l'édi-
fice social, l'arracher à ses bases, fouler aux pieds les
lois, préparer leur odieux succès en se retranchant
derrière ces mêmes lois, jusqu'à ce qu'il soit obtenu ;
« vainqueurs de les abolir pour exhumer le drapeau
sanglant de la révolte, vaincues de les braver encore
en présence des tribunaux et des magistrats » (1).

Le résultat de ces associations révolutionnaires est
donc un trouble profond et continu de l'ordre public,
et c'est la crainte de les voir un jour dominer le gouvernement qui a fait dire à Hobbes (de Cive) : « à
supposer que les divers pays vivent entre eux dans un
état d'hostilité naturelle, les gouvernements qui tolèrent
des factions agissent d'une façon aussi impolitique que
ceux qui abandonneraient l'occupation de leurs forte-
resses à des troupes étrangères ».

Tous ces dangers se retrouvent dans les diverses
associations, quel que soit leur but ; mais on comprendra facilement que les inconvénients varieront
d'intensité suivant la nature de l'association. C'est
ainsi que la société politique sera plus à craindre pour
un gouvernement établi qu'une académie littéraire et
qu'un syndicat ouvrier pourra causer plus de préjudice
à l'ordre social qu'une société musicale. C'est encore
dans la congrégation religieuse que tous ces inconvénients se trouveront réunis au plus haut degré. C'est
parmi ses membres que l'on pourra surtout en trouver

(1) De Keratry : Discussion, de la loi de 1834, mars.

quelques-uns qui seront opprimés et qui feront abstraction complète de leur personnalité ; c'est elle qui
pourra causer à la société les plus grands dangers, surtout au point de vue de l'accumulation des biens ; c'est
elle encore qui, quelquefois, pourra occasionner dans
le pays les troubles politiques les plus grands. Ne
peut-on pas concevoir, en effet, que sous le manteau de
la religion, quelques individus s'assemblent pour
conspirer en commun contre le gouvernement établi et
contre les lois.

§ V.

Quoiqu'il en soit, malgré tous ces inconvénients, la
liberté d'association est une liberté nécessaire, liberté
sans cesse revendiquée et dont le législateur ne peut
pas plus longtemps reculer l'avènement. Certainement
on peut en abuser, faut-il pour cela courir sus ?
« Faut-il, comme les sauvages pour cueillir un fruit,
commencer à couper l'arbre ? ce n'est pas ainsi que
doit procéder un peuple civilisé, il examine avec sang-
froid, avec calme, s'il est possible de remédier à l'abus
sans toucher au droit, et ce n'est qu'autant qu'il lui
est démontré qu'il y a impossibilité absolue de remédier à un abus qui compromet la société, sans anéantir
le droit lui-même, qu'alors il se résigne avec douleur à
confisquer le droit, sauf à le faire revivre dans un autre
temps » (1). Il suffira de remettre entre les mains de
l'État les armes qui lui sont indispensables pour sévir

_____

(1) Odilon Barrot, 17 mars 1834.

et lui donner le droit de poursuivre les associés pour les infractions dont ils viendraient à se rendre coupables. Supprimer le droit à l'association, ce serait enlever à tous les autres droits leur efficacité et leur fécondité.

Sans liberté d'association, pas de liberté des cultes possible, c'est une formule vide de sens. Sans elle, à quoi servirait la liberté d'enseignement, si plusieurs hommes doués de la faculté si délicate d'instruire ne pouvaient combiner leurs efforts pour inculquer à la jeunesse les notions de la science et de la morale. Sans elle, pas de liberté du travail, car l'ouvrier n'obtient de résultats désirables, n'arrive à la perfection de son œuvre que s'il peut s'assurer le concours de gens industrieux et adroits comme lui. Sans elle enfin, la liberté de réunion n'a pas de raison d'être, et la presse ne peut obtenir que d'insignifiants résultats, la liberté d'association pouvant seule lui enlever son caractère individualiste et fantaisiste.

CHAPITRE II

L'ASSOCIATION ET L'ÉTAT

I

PRINCIPE DE LIBERTÉ.

Placé en face du droit d'association, l'État exercera utilement son intervention, il devra nécessairement jouer un rôle. Quelle conduite devra-t-il tenir? Quelle attitude devra-t-il prendre toutes les fois qu'il se trouvera aux prises avec ces agrégations de citoyens qui stimulés par leur zèle ardent et l'amour de la liberté,

combineront leurs efforts en vue d'un but commun et
deviendront par leur alliance de puissants auxiliaires
du progrès et de la civilisation? L'État devra-t-il alors
se poser en maître absolu, et dire à ces hommes
d'action : « Que vos groupes soient dissous; il n'y a
rien en dehors de moi. Tout sera permis, alors que je
le voudrai ». En un mot devra-t-il être envahisseur?

Respectera-t-il au contraire ces associations qui
couvrent de leurs rameaux le sol d'un pays? Devra-t-il
les aider à se développer, encourager leurs efforts, et
leur procurer les moyens d'atteindre avec succès le but
qu'elles se proposent?

Telles sont les questions que nous avons à résoudre.

A. — *L'État ne doit pas se substituer aux associations.* — Il est un principe absolu que tous les auteurs,
vrais amis de la liberté, se plaisent à poser au seuil
de la matière que nous étudions; à savoir que l'État ne
doit jamais se substituer aux associations ni remplir
tous les offices. Il ne doit pas ravir aux citoyens la
faculté si natuelle et si noble qu'ils ont de s'associer. Il
ne faut pas exagérer les droits de l'État, il ne faut pas
que toutes les institutions quelles qu'elles soient,
émanent ou relèvent de lui : L'initiative individuelle
doit garder sa place; l'État n'a qu'à garantir la liberté
des citoyens tout en l'empêchant de nuire à la collectivité. Une nation, qui use de la centralisation excessive n'est jamais appelée à prospérer. « Il ne reste
plus, dit Taine (1), qu'une poussière humaine qui
tourbillonne, et qui, avec une force irrésistible, roulera

(1) Anc. reg. : I, 517.

tout entière en une seule masse, sous l'effort aveugle du vent ».

Jean-Jacques Rousseau fut un des apôtres les plus ardents de la doctrine de l'État envahisseur »; un des propagateurs les plus acharnés de cette maxime que dans l'État « il ne faut pas de corps, rien que l'État dépositaire de tous les pouvoirs publics, et une poussière d'individus désagrégés, nulle société particulière, nul groupement partiel, nulle corporation, même pour remplir un office que l'État ne remplit pas » (Taine).

Pour l'auteur du « *Contrat social* » l'action de l'État sera complètement entravée, toutes les fois que ce dernier permettra aux associations particulières de se développer dans son sein. Les conséquences de ce système sont faciles à déduire : dès lors, l'État devra suffire à tout, subvenir aux besoins de l'individu, organiser le commerce et l'industrie, intervenir dans l'exercice de la charité et dans les pratiques du culte public.

Montesquieu s'était déjà fait l'apôtre de ces théories liberticides. Il disait que l'État doit à tous les citoyens « une subsistance assurée, un vêtement convenable, et un genre de vie qui ne soit pas contraire à la santé. » Comme conclusion pratique, il demandait, dans « *l'Esprit des lois* » (1) la suppression de toutes les fondations libres et la confiscation de leurs biens.

André Chenier lui-même ne résista pas à ce courant d'idées. Dans quelques notes destinées à son poème : « *Hermès* » il traite d'imprudent et de malheureux, l'État qui tolère l'existence des associations. « Heureux,

_____

(1) Livre 23.

s'écrie-t-il, heureux le pays où il n'y a d'autre association que l'État, d'autre corps que la patrie, d'autre
intérêt que la commune. »

En posant les bases d'un tel système, Jean-Jacques
Rousseau supprimait du même coup et la justice et la
liberté. « L'État, dit M. Desjardins (1), doit commencer par se convaincre lui-même qu'il ne peut pas
suffire à tout. L'homme est l'associé par la force des
choses, de quelques-uns de ses concitoyens dans la
commune, de ses parents dans la famille, car l'État
quoique l'on fasse, ne peut pas se substituer ni à l'une
ni à l'autre. Il ne peut pas non plus se substituer à
toutes ces associations qui poursuivent un but lucra-
tif : sociétés civiles, sociétés en nom collectif, en com-
mandites, anonymes, en participation ; moins encore
peut-être, à ces innombrables associations religieuses,
littéraires, scientifiques, artistiques, charitables qui
couvrent aujourd'hui le territoire de tous les pays
civilisés. Qu'il ne s'effarouche donc pas de les voir
naître et grandir à ses côtés : elles ne l'amoindrissent
pas. En principe, il ne doit pas plus leur disputer le
droit de vivre, qu'elles ne lui disputent le droit de
gouverner.

Faire de l'État la société unique, proclamer le néant
de tout ce qui pourrait exister en dehors de lui, c'est
élever une prétention injuste, exhorbitante et tyrannique, c'est oublier que l'homme est né indépendant et
libre et que c'est lui qui a fait naturellement la société.
L'État ne doit pas se substituer au groupement des
individus ; il ne doit pas faire « de tous les serviteurs du

_____

(1) *Op. cit.*, p. 15.

public, des commis du gouvernement » (Taine) ; il
doit laisser au contraire aux associations, une certaine
liberté d'allure, il doit leur accorder le droit à la vie ;
bien plus, il doit leur donner les moyens de vivre.

En laissant croître autour de lui les sociétés de toutes
sortes qui ne manqueront pas de se développer, il ne
lui appartient pas de leur dicter leurs règles de conduite, de leur imposer des statuts : « L'État, dit le
Pape Léon XIII (1), ne doit pas s'immiscer dans leur
gouvernement intérieur ni toucher aux ressorts intimes
qui leur donnent la vie, car le mouvement vital pro-
cède d'un principe intérieur et s'arrête très facilement
sous l'action d'une cause externe ».

Faire régner pour toutes les associations le grand
principe de la liberté, donner à toutes le droit de vivre,
leur laisser adopter des statuts en conformité avec leur
but, tel doit être le rôle de tout État, de tout gouvernement digne de ce nom. Loin d'accaparer pour lui
seul le droit d'enseigner, de posséder, de faire des lois,
il doit laisser aux diverses associations qui peuvent
naître dans son sein une certaine latitude pour réaliser
les fins qu'il se propose : la prospérité de la nation et le
bonheur de ses sujets.

B. *Il faut repousser le système préventif.* — Si
l'État ne doit pas se substituer aux associations, s'il a
la mission de les laisser vivre, ce n'est pas à dire pour
cela qu'il doive se désintéresser de leur sort et fermer
les yeux. Il exercera utilement son influence.

(1) *De conditione opificum :* « Ne tradat tamen sese in eorum
intimam rationem ordinemque vitæ : vitalis enim motus cietur ab
interiore principio, ac facillime sane pulsu eliditur externo ».

Quels sont donc au juste les pouvoirs, les droits de l'État sur les associations ? L'État devra-t-il leur dire : Vous n'existez que selon mon bon vouloir. Moi seul ai le droit de vous donner la vie ; ou, au contraire, doit-il laisser croître autour de lui toutes les associations et ne les dissoudre que lorsqu'elles causent un péril pour l'ordre social ? Employer le régime répressif, c'est punir les abus de la liberté, quand ses abus ont lieu, mais user du régime préventif, c'est supprimer la liberté par provision, de peur d'abus à naître. Pour prévenir un mal parfois très incertain, on empêche le bien de se faire.

Par peur de l'abus, on supprime l'usage, « on arrache la moisson par crainte de l'ivraie », dit M. Beaudoin (1). « Le système préventif, a dit M. de Tracy, le 20 mars 1834, est l'ennemi de la civilisation et du progrès. Il repose sur une donnée aussi fausse qu'elle est injuste, c'est que l'homme est malfaisant par nature, que les actes spontanés sont toujours nuisibles, que c'est la règle générale et que le contraire est l'exception ».

Bon nombre de juriconsultes se sont faits les apôtres du système préventif et ont soutenu cette thèse qu'ils ont réussi maintes fois à faire aboutir, d'ailleurs, à savoir : que l'État a droit de vie et de mort sur les diverses sociétés et que les sujets d'une nation ne peuvent jamais s'unir si l'autorité administrative n'a pas émis son opinion et donné un avis favorable. L'association, dit-on, est une faculté naturelle, il est vrai, mais une faculté dont on peut abuser : son but peut

(1) Des associations religieuses et charitables. Th. p. 77.

être légitime, il peut être aussi criminel, contraire à l'intérêt général et à l'honnêteté publique. Or, poursuit-on, mieux vaut prévenir que punir ; on éliminera donc dès leur apparition toute société dont la répression devrait entraîner plus tard des troubles et l'emploi de mesures regrettables. C'est d'ailleurs le devoir du gouvernement de se tenir en garde contre cette tendance et cette politique exclusives qui se développent nécessairement sous l'empire de l'esprit corporatif ; il lui appartient, dans l'intérêt de tous, de ne laisser vivre la société que d'une vie ordonnée par avance. Ainsi parlent les partisans de l'autorisation préalable. Pour eux, il vaut mille fois mieux tuer le mal dès sa naissance, avant qu'il ne s'enracine, plutôt que d'être obligé de s'attaquer ensuite à une association coupable, fortement constituée, et d'employer pour la détruire ces armes qui devront amener nécessairement « l'effusion du sang ».

On pose donc comme un principe que l'État, en raison de sa puissance souveraine peut soumettre à son approbation toutes les agrégations de citoyens. « Le droit d'association dont certes nous ne méconnaissons pas le principe et l'utilité, disait le procureur général Dupin, est comme tout autre droit, assujetti par son exercice à des règles sans lesquelles il dégénérerait trop facilement en abus » et M. Trochon soutenait que la nécessité de l'autorisation préalable est, en principe tel, qu'il n'a pas besoin de se justifier.

Il est bien certain que quelques associations ramifiées sur le territoire d'une nation peuvent faire courir des dangers à la sécurité de l'État. Elles peuvent finir par faire triompher un régime despotique ou anar-

chique ; mais il faut voir à côté le bien que peuvent
faire d'autres agrégations de citoyens et ne pas mettre
de barrière infranchissable entre le droit naturel et la
liberté. Le droit de s'associer, avons-nous dit, est un
droit primordial que l'État doit protéger. On ne sollicite auprès d'une autorité quelconque que les biens qui
émanent d'elle, donc ici pas d'autorisation possible de
la part du gouvernement. Son intervention ne sera
légitime que lorsqu'il s'agira de réprimer les abus.
Mais supprimer le droit à la vie sous prétexte qu'on
peut en mal user, c'est une iniquité, c'est une erreur.
Pourquoi ne pas procéder de même alors pour toutes
les facultés naturelles de l'homme, est-ce que toutes
également ne sont pas capables de le conduire au mal ?
Va-t-on interdire, par exemple, à l'homme, le droit de
se marier sous prétexte qu'il peut rendre son épouse
malheureuse et engendrer des enfants qui deviendront
peut-être un jour des révoltés ? Va-t-on, sous prétexte
de prévenir l'assassinat, interdire non seulement le
port d'armes, mais encore la fabrication des fusils ? On
objectera peut-être que l'homme isolé est plus à la
merci du pouvoir civil que ne l'est une cohésion d'individus et que, par là même, les dangers que peut faire
courir une telle association sont plus redoutables et
plus grands. Soit ! mais alors le code pénal devra pro-
portionner le châtiment à la faute et infliger des peines
plus fortes à ceux qui menacent de plus près la
société.

Forcer toutes les associations à demander l'autorisation préalable, n'est-ce pas un moyen illusoire ?
Pense-t-on qu'une société fondée pour le mal ira s'in-
cliner devant la loi et lui demander d'exercer son

action ? Non, elle agira, et alors ce seront les associations honnêtes qui seront frappées et ces dernières
n'oseront pas se former dans la crainte de se voir
refuser l'autorisation nécessaire.

Un gouvernement n'est pas un être abstrait comme
la loi, c'est dans nos sociétés modernes surtout, un
parti au pouvoir, un parti qui demain peut céder la
place à des rivaux. Les choses étant ainsi, exiger que
toutes les associations désireuses de vivre et de se développer obtiennent l'autorisation du gouvernement,
c'est les soumettre au régime de l'arbitraire, c'est
mettre entre les mains du pouvoir civil une arme avec
laquelle on exerce une justice inégale, vexatoire et souvent inique. Pour autoriser une association ou pour lui
refuser le droit de vivre, on ne se demandera pas si elle
est ou non légitime, on interrogera ses tendances, son
esprit, sa composition, ses moyens d'action, le milieu
où elle devra se développer, l'influence des idées philosophiques ou religieuses de ceux qui la représentent,
qui la composent. Alors ce n'est plus le régime de
l'équité, de la justice, c'est le régime du bon plaisir.
« Quand l'association n'aurait pour fin que de justes
causes, quand elle serait capable de rendre au pays les
plus grands services, dit M. Desjardins (1), elle ne naîtra, pas, s'il déplaît au souverain qu'elle se forme. Non
seulement elle ne naîtra pas, mais elle peut, en général,
sur un signe du maître, retomber dans le néant. »

Admettre pour les citoyens qui veulent s'associer, la
nécessité de demander l'agrément du gouvernement,
c'est reconnaître à celui-ci la faculté de la refuser, et

(1) *Op. cit.*, p. 158.

par suite de rendre illusoire l'un des droits les plus précieux de l'homme. C'est soumettre les associations à un régime complètement arbitraire, c'est contredire toutes celles qui, quoique légitimes, ne sont pas en communion d'idées ni d'opinions avec les gouvernants et qui n'emploient pas les mêmes armes qu'eux pour assurer le progrès et arriver au bien.

Relever d'une façon trop absolue du pouvoir quel qu'il soit, « c'est être, dit M. Van den Heuvel (1), à la merci des fluctuations électorales, c'est dépendre de la loyauté d'une majorité qui se laisse trop facilement entraîner par l'esprit et l'intérêt de parti. »

Pas de système préventif. Rejetons le droit que prétendrait s'arroger l'Etat d'autoriser les diverses associations, de les laisser naître, de les faire vivre. De nos jours, d'ailleurs, et depuis 1870, personne n'a osé soutenir les avantages d'un tel système : c'est à peine si M. Marmonnier, dans un projet de loi déposé en 1888, a cru devoir réclamer le principe de l'autorisation gouvernementale à l'égard des congrégations religieuses de femmes. Il est vrai qu'avant lui, et dès 1871, M. Bertauld s'était fait le défenseur d'un système qui, sous des apparences de libéralité, exigeait encore pour les associations une autorisation préalable, mais une autorisation dissimulée. Le droit de vie ou de mort appartenait exclusivement au pouvoir judiciaire, à la Cour d'appel : elle avait à statuer sur une question de droit, celle de savoir si l'association rentrait par sa nature dans la catégorie des associations illicites dont le projet de loi donnait la nomenclature.

(1) Liberté d'association et personnalité civile, p. 84.

Transporter du pouvoir administratif au pouvoir judiciaire le droit d'autoriser les associations, ce n'est pas supprimer le régime préventif, c'est laisser subsister l'arbitraire, c'est attribuer à la magistrature un caractère politique. Aussi M. Bertauld n'a-t-il pas réussi à faire prévaloir son opinion, laquelle n'a pas trouvé depuis de nouveaux défenseurs. Supprimer le régime préventif, c'est donc admettre pour les associations, la liberté entière de se constituer, liberté qui sera tempérée parfois par le contrôle de l'Etat, dont nous étudierons plus tard les attributions.

C. — *Principe d'égale liberté.* — Cette liberté d'association que nous réclamons, ne doit pas être le monopole de quelques individus, elle doit être la même pour tous. N'attribuer le droit à l'existence qu'à certaines associations, est une des causes qui a reculé jusqu'à ce jour l'avènement de la liberté et qui a fait avorter comme nous le verrons plus tard tous les projets de loi déposés sur le bureau des deux chambres. Toutes les associations quel que soit leur but, quelles que soient les opinions religieuses, politiques, philosophiques de leurs membres, doivent pouvoir se constituer librement. Tous les citoyens quels qu'ils soient doivent avoir le droit de s'associer, sauf à répondre de leurs actes devant la justice du pays et selon les lois existantes, il faut l'égalité pour tous les individus, pour toutes les associations. L'Etat ne doit pas plus mettre obstacle au droit de s'associer dans un but légitime qu'à celui de manifester sa pensée par la voie d'une presse honnête et morale. Toutes ces propositions sont admises pour tous ou à peu près. Personne à l'heure actuelle n'ose plus contester la légitimité des associations politiques. Pourquoi ces principes ne sont-ils plus des principes dès qu'il s'agit des congrégations religieuses qui sont pour beaucoup un épouvantail sans cesse agité depuis un siècle et dont la crainte a toujours entravé la marche de la liberté. Beaucoup de Français, à notre époque, sont imbus de cette maxime que les congrégations religieuses s'attaquent aux idées, aux mœurs et aux tendances de la société actuelle et qu'elles sont toujours prêtes à troubler l'ordre social et la tranquillité publique. Pourquoi donc les mettre hors du droit commun ? » Le propre des religions, dit M. Desjardins (1), c'est d'enseigner qu'il faut croire en Dieu, le prier et lui rendre un certain culte. Est-ce qu'un tel enseignement peut abaisser l'âme d'un peuple, entraver le développement de sa vie morale ou de sa vie matérielle ? On ne saurait l'admettre. » Les Congrégations religieuses ne sont-elles pas d'ailleurs, nous l'avons vu, des associations ?

Quel fait justifie donc l'exclusion hors la loi des congrégations religieuses ? Est-ce le dévouement inaltérable de ces sœurs de Saint-Vincent de Paul ou de tous autres ordres qui se sacrifient jour et nuit au chevet des mourants dans les hôpitaux, près du lit des pauvres malades dans les misérables mansardes ? Sont-ce les œuvres de ces Bénédictins qui ont enrichi nos bibliothèques de collections si précieuses, ou de ces Trappistes pour lesquels l'agriculture n'a plus de secrets ? Pourquoi vouloir faire des lois d'exception, pourquoi ne pas voter une loi de droit commun, c'est-à-dire égale pour tous. Pourquoi ne pas suivre l'exemple de

(1) *Op. cit.*, p. 170.

M. Jules Simon qui, à la tribune française, réclamait
en 1882, la liberté d'association pour tous, même pour
les catholiques. Il s'exprimait alors ainsi : « Nous connaissons si peu la liberté en France que chaque parti
est tenté de la demander pour lui seul. On dit d'un
côté : Liberté pour tout le monde excepté pour les congréganistes. Parler ainsi, c'est manquer de logique; la
liberté avec une exception, ce n'est plus la liberté, c'est
le contraire de la liberté, c'est le privilège. C'est aussi
manquer de prudence : celui qui fait aujourd'hui une
exception contre son ennemi, justifie à l'avance l'exception que son ennemi fera contre lui demain. C'est
manquer de bravoure, c'est vouloir empêcher l'armée
ennemie de se former, pour n'avoir pas à convoquer
la sienne et à livrer bataille. »

L'association religieuse, prise en elle-même, en tant
que réunion d'individus professant la même foi ou exerçant le même culte, ne doit pas être considérée comme
une œuvre coupable, et par conséquent être mise hors
du droit commun. Agir ainsi, ce serait, il est vrai,
porter un coup terrible à la religion catholique en particulier : mais les contre-coups pourraient être plus
funestes encore; et derrière les religieux, les moines
que l'on voudrait atteindre, ce serait la liberté d'association qui péricliterait, ce serait la liberté elle-même
qui souffrirait. Tous les droits ne sont-ils pas soli-
daires; et la ruine des uns n'entraîne-t-elle pas logi-
quement et infailliblement la ruine des autres ?

Un État qui supprime les associations religieuses,
manifeste la volonté de remplir à lui seul toutes les
fonctions sociales que les diverses congrégations avaient
en vue. Croirait-il par là assurer le triomphe de ses

idées et faire respecter tous ses droits? Non, et ici il
faut rappeler la parole que M. Jules Simon prononçait
en 1883, au sujet de l'enseignement dans les univer-
sités : « Je désire son succès par son mérite; je ne le
désire pas par l'exclusion des autres. Je ne sais pas ce
que c'est de fermer avec un bâillon la bouche d'un
adversaire. »

L'État doit donc respecter toutes les formes d'associations licites qui se développent autour de lui, les
congrégations religieuses comme les autres. Ses craintes,
à ce sujet, seraient par trop chimériques. « A notre sens,
disait M. Bertauld (1) à la tribune de l'Assemblée nationale, en 1872, la société laïque est assez forte pour
n'avoir rien à craindre des corporations religieuses qui
ne seront pour elles que des associations soumises au
droit commun. Qu'on ne nous objecte pas que nous
favorisons outre mesure, l'établissement des ordres
religieux en France, nous préférons à la tolérance com-
plaisante qui ferme les yeux, le droit commun qui sans
faiblesse, sans partialité, assujettit toutes les associations à ses règles et à une surveillance continue. Nous
ne voulons pas de privilèges pour les congrégations,
nous n'en voulons pas contre elles. Nous essayons
d'asseoir leur liberté sur les libertés publiques, accoutumons-nous à respecter la liberté en autrui, principalement parce que c'est le devoir et aussi parce que c'est
le moyen d'assurer notre propre liberté. »

L'État ne doit pas seulement laisser se développer
et parfois favoriser les diverses associations qui surgissent autour de lui, il doit quelquefois prêcher

(1) *Annales de l'Assemblée nationale*, t. VI, p. 176.

4

d'exemple, il lui est permis de s'associer, bien plus, c'est un devoir pour lui, quand les circonstances l'y déterminent. Personne n'a jamais osé contester la légitimité de ces associations internationales d'États. Leur nécessité se fait même quelquefois sentir. L'union monétaire, l'union postale, la ligue pour la répression de l'esclavage ou les congrès pour la solution des questions ouvrières ne sont-ils pas des exemples constants du droit qui appartient aux divers États de se concerter pour la défense de leurs intérêts, comme un corollaire du principe de leur indépendance et de leur égalité devant la loi naturelle commune à tous. La liberté d'association entre les diverses puissances est une règle absolue, le droit de s'associer à d'autres pour une fin honnête étant une prérogative nécessaire et originelle de tout être sociable, individu ou collectivité.

En résumé, l'État, loin de vouloir monopoliser toutes les branches du commerce et de l'industrie, loin de vouloir par une centralisation excessive, entraver la liberté d'allure de ses sujets, doit laisser à toutes les associations qui se développent autour de lui, le droit à l'existence. Il doit n'en sacrifier aucune et favoriser le développement des associations ouvrières et politiques comme celui des congrégations religieuses.

D. *Régime des biens.* — L'association existe. Toute liberté lui est donnée pour se constituer; mais pour atteindre son but, elle aura besoin de moyens matériels plus ou moins importants. Comment, d'ailleurs, pourrait-elle vivre sans patrimoine! « Cela est de la nature des choses, disait dans son rapport de 1882, M. Eymard Duvernay (1), ou plutôt des personnes, et

(1) Dans son projet de loi.

si on leur refuse les moyens légitimes de satisfaire ce besoin impérieux, on les pousse par cela même à la tentation d'y pourvoir d'une façon frauduleuse, c'est-à-dire par la simulation. » Dans quelle mesure va-t-on permettre à l'association de contracter, de devenir propriétaire?

Il faut repousser, à prime abord, l'opinion de ceux qui, comme M. Cantagrel, veulent que toute association obtienne par sa simple constitution régulière, la personnalité civile, et le droit d'acquérir à titre onéreux d'une façon générale, et à titre gratuit sous certaines réserves. La personnalité civile doit rester le privilège de quelques-unes de celles qui, à côté des personnes, veulent faire surgir un être nouveau capable de se perpétuer. Elle ne s'obtiendra toujours que par un décret rendu en Conseil d'État, sur la demande régulière des associations qui en voudront être l'objet et qui se reconnaîtront « d'utilité publique. » La plupart des législateurs, auteurs de projets sur la liberté d'association, exigent une loi pour la concession de la personnalité civile. C'est peut-être beaucoup trop demander, surtout si on prend en considération, d'une part, la surcharge de travaux qui incombent aux membres des deux Chambres et, d'autre part, le peu d'attention que ces dernières apportent ordinairement aux lois de cette nature. Une fois reconnues, les associations constitueraient des personnes civiles capables de contracter en leur nom, d'acquérir, de recevoir à titre de dons et legs, conformément à l'article 910 du Code civil, et d'ester en justice. Leur étude sort des limites que nous avons fixées à ce travail.

Ce qu'il faut avant tout, admettre, c'est que l'asso-

ciation, par le fait seul de son existence et en dehors
de toute reconnaissance d'utilité publique, puisse avoir
des moyens d'existence et atteindre le but qu'elle se
propose. Les membres associés doivent avoir le droit
de mettre leurs biens en commun. « A côté du contrat
d'association, dit M. W. Rousseau (1), se juxtapose un
contrat nouveau, non moins licite, non moins réglé
par le législateur et qui est le contrat de société. En
s'appuyant sur les règles générales du Code civil et du
Code de commerce, les divers associés pourront au
nom de la société accomplir tous les actes de pure administration que comporte la gestion du patrimoine
collectif. Le droit commun leur sera applicable au
moins quant aux contrats qui peuvent se concilier avec
l'objet licite de l'association (2).

Dans quelles limites permettra-t-on aux associations
d'acquérir, de posséder? Telle est la question qui soulève le plus de difficultés. Il nous semble que les apports
mobiliers des membres, que les cotisations par eux
fournies devraient entrer sans difficulté dans le patrimoine de l'association et que leur somme compense-
rait les dépenses de toute nature qui sont exigées pour
mener à bonne fin l'entreprise commune; nous n'exi-
gerons même pas que l'excédent des recettes sur les
dépenses fut converti, comme beaucoup l'ont proposé,
en rentes nominatives sur l'État français : la fraude et
la simulation sont trop faciles en cette matière à cause
du grand nombre de titres au porteur de toutes sortes.

(1) Chambre, février 1882.
(2) Cf. M. Mongin. Études sur les sociétés dénuées de personnalité. — Comte de Vareilles-Sommières, *le Droit d'association*.

Doit-on également permettre à l'association de se constituer un patrimoine immobilier? Ici, nos législateurs sont loin de s'entendre. Ils sont très préoccupés d'empêcher la reconstitution des biens de mainmorte. Beaucoup proposent d'accorder aux associations le droit de posséder l'immeuble strictement nécessaire à leur exploitation ou à l'habitation de leurs membres. Cette disposition n'est-elle pas trop rigoureuse et n'est-elle pas faite pour arrêter la marche de l'entreprise et son développement. Mieux vaudrait, il nous semble, défendre aux associés de posséder d'autres biens que ceux qui seraient affectés à l'objet social et rendre par là même impossible la possession d'immeubles productifs de revenus. La fraude serait facile à réprimer et la nullité des opérations menacerait toujours l'association qui oublierait le but qu'elle s'était primitivement assignée (1).

Les acquisitions à titre gratuit, l'acceptation des dons et legs ne seraient permises à l'association que si une autorisation administrative en bonne et due forme venait sanctionner leur validité. C'est dire qu'elles ne seraient tolérées que si le besoin s'en faisait sentir

(1) M. Hubert Brice, dans un article publié le 10 août 1896 par la *Revue parlementaire et politique,* propose de donner aux associations le droit de posséder d'une façon illimitée des biens immobiliers : mais pour conjurer la mainmorte, il réclame l'impôt progressif sur le revenu de toute association déclarée. « L'intervention fiscale, dit-il, atteindrait l'exagération manifeste des biens et supprimerait les craintes d'une exagération d'une action collective contre l'ordre établi. » Ce moyen est-il bien efficace et voit-on à l'heure actuelle les congrégations religieuses diminuer leur patrimoine immobilier, malgré les impôts écrasants qui les grèvent?

parmi les asssociés, et que l'administration saurait toujours empêcher une association de se transformer en
société de lucre et en moyen d'enrichissement.

En quoi le gouvernement, l'État, pourrait-il s'émou-
voir de l'accroissement de fortune des associations?
surtout quand tous les biens composant leur patrimoine
sont affectés à l'objet social ? N'a-t-il pas à sa disposition des impôts de toutes sortes, parfois onéreux et
vexatoire? Outre les taxes ordinaires auxquelles toutes
les valeurs mobilières et tous les biens immobiliers
sont soumis, les associations possédant un patrimoine
sont grevés d'un impôt de mainmorte et d'un droit
d'abonnement. Le premier représente. les droits de
transmission entrevifs et par décès auxquels échappent
certain biens. Le second résulte de la situation particulière, à toute association qui admet l'adjonction de
nouveaux membres. Il a remplacé récemment le droit
d'accroissement et représente le droit de mutation par
décès ou de donation sur les accroissements résultant
des clauses de réversion; il est à craindre que son taux
ne soit parfois trop élevé et n'engendre de pénibles
récriminations.

Nous avons envisagé, le plus succinctement possible
la manière dont on peut concevoir le fonctionnement
d'une association, la composition de son patrimoine,
les impôts qui la grèvent : examinons maintenant ce
qui se passera lors de sa dissolution. Cette dernière
pourra être judiciaire, mais rien n'empêchera une liqui-
dation amiable, car le grand principe qui domine toute
cette matière, c'est l'individu libre dans l'association
libre. Le partage des biens se fera entre tous les associés
au prorata de leurs apports et conformément aux statuts.

Les immeubles acquis à titre onéreux seront vendus
et le prix réparti entre les divers membres. Quant à ceux
qui proviendraient d'un don ou d'un legs avec affecta-
tion exclusive à l'objet social, ils retourneront aux donateurs ou à leurs héritiers jusqu'au 12° degré ; c'est au
cas seulement où ces derniers feraient défaut que l'État
en deviendrait attributaire avec charge de les affecter
à un service où ils recevraient une destination semblable à celle qui leur avait été primitivement assignée.

II

CONTRÔLE DE L'ÉTAT.

Les associations doivent être libres, soit ! mais ce
n'est pas à dire que l'État doive fermer les yeux, laisser
développer dans son sein les corporations les plus diverses et n'exercer aucun moyen de contrôle. Si l'État
doit respecter la liberté individuelle de ses sujets, il
doit également veiller à ce que cette liberté ne dégénère
pas en licence. Si le gouvernement a des devoirs vis-à-vis
des associations libres, il a aussi des droits qu'il ne peut
ni abdiquer, ni oublier. S'il doit favoriser l'usage légitime de la liberté d'association, c'est également un
devoir pour lui d'en réprimer les abus. Qui ignore, en
effet, que par l'esprit corporatif se développant en tous
sens, les sociétés représentent et exercent une sérieuse
puissance morale dans le pays et que, par là même,
elles peuvent engendrer les plus grands bienfaits et
causer les plus grandes calamités. « Les associations de

tout genre, dit M. Worms (1), provoquent la vigilance
du gouvernement par le double motif tiré et de l'assu-
jettissement dans lequel elles laissent leurs membres
et de l'influence qu'elles exercent sur le surplus du
pays. »

La liberté individuelle est un grand bien, un des
plus nobles privilèges de la nature humaine, mais il ne
faut pas la confondre avec l'indépendance absolue, car
alors ce serait confondre licence et liberté, et si cette
dernière vit de ses bienfaits, à coup sûr, elle meurt de
ses excès. L'Etat a donc mission de surveiller l'association libre, car dès qu'elle est fortement constituée,
celle-ci, dit M. de Tocqueville « a la tendance à en-
vahir, l'humeur peu tolérante et l'attachement ins-
tinctif et parfois aveugle aux droits particuliers du
corps. La plupart des individus, après avoir revendiqué
le droit de s'associer pour faire triompher leurs idées,
après avoir obtenu la liberté de s'unir et de se grouper,
ne tardent pas à pratiquer le régime de la liberté
absolue. La corporation réclame alors la suppression
des corporations concurrentes et impose à ses membres le joug le plus lourd. La liberté d'association a
dégénéré en tyrannie. C'est à l'État d'intervenir alors
et après avoir soutenu cette liberté, il lui faut la conte-
nir, il lui faut couper court à ces usurpations et à ces
envahissements.

Protéger contre les empiètements des diverses associations le droit des individus et ceux de l'État, des
citoyens isolés et de la collectivité nationale, telle est
donc la mission que tout gouvernement doit remplir.

(1) *Liberté d'association à travers les âges*, p. 187.

Pour arriver à ce but, l'État devra nécessairem ent apporter des restrictions à la liberté d'association.

A. *Régime de publicité.* — Ce que l'État doit exiger avant tout de l'association, c'est la publicité, c'est son acte de naissance. Tous les auteurs des projets de loi depuis 1870, sont d'accord sur la nécessité d'une déclaration préalable au fonctionnement de l'association. Deux législateurs seuls font exception, M. Bertauld, qui exige un système préventif dissimulé, et M. Goblet, qui émet l'avis de la constitution de plein droit sans déclaration au pouvoir.

De l'avis général donc, toutes les fois que plusieurs personnes voudront se grouper, s'unir, elles n'auront qu'à le déclarer à l'autorité compétente et il leur sera loisible ensuite de vivre en association. En un mot, ce qu'il faut exiger de toutes les sociétés, corporations, associations, c'est l'obligation absolue de la publicité de leurs statuts. « La liberté, dit M. Dareste (1), implique la responsabilité et par suite le contrôle ». Ce contrôle ne sera efficace que si les futurs associés ont déposé entre les mains de qui de droit les règlements auxquels ils entendent se soumettre et la liste complète des principaux administrateurs ou gérants de l'association. Tout État soucieux de son rôle et de ses intérêts doit avoir à cœur de connaître ce qu'est toute société, qui la compose, ce qu'elle veut, où elle va et quels moyens elle emploie pour atteindre son but. Il doit s'enquérir du personnel de l'association et de son fonctionnement administratif ou financier.

La déclaration de naissance devra être faite dès que

(1) *Revue des Deux-Mondes* du 15 octobre 1891, p. 817.

l'association sera constituée ; il est inutile, ce nous
semble, de l'exiger plusieurs semaines ou plusieurs
mois avant son fonctionnement. Elle sera faite à l'autorité administrative (préfet ou sous-préfet), à l'agent
du pouvoir central. Le procureur de la République
sera également intéressé à la connaître ; s'il doit poursuivre un jour l'association, il est nécessaire qu'il en
apprenne l'organisation. La déclaration comprendra
les noms, qualités, domicile des fondateurs, ceux des
directeurs, les noms, le but, le siège social de l'association. Les statuts devront être également publiés, et
une liste de tous les membres devra être dressée au
siège de l'association pour être communiquée à toute
réquisition de l'autorité administrative ou judiciaire.
Les pénalités infligées en cas de non-publicité devront
consister en une simple amende contre les directeurs.
Ce sera pour eux un avertissement à faire au plus vite
leur déclaration. Ce n'est qu'au cas de déclaration men-
songère que la peine d'emprisonnement pourra être
prononcée.

Il ne faut pas exagérer toutefois ce pouvoir de contrôle et ne pas le faire dégénérer en recherche in-
quisitoriale, ce serait nuire au développement de
l'association et l'engager à dissimuler ou à faire des
déclarations inexactes. « Ce que nous entendons par
statuts, dit M. J. Simon (1), ce n'est pas un règlement
d'exercices spirituels qui ne regardent que la conscience
des religieux. Il n'importe ni à l'État, ni aux tiers de
savoir s'ils se confessent tous les mois où tous les huit
jours, s'ils se lèvent à cinq heures du matin, s'ils sont

(1) Projet de 1882.

tenus d'assister aux vêpres, etc. Ce que nous demandons, ce sont les statuts qu'on met dans son dossier quand on forme une demande pour obtenir l'autorisation, à titre d'établissement d'utilité publique, les statuts qui touchent aux intérêts des tiers avec l'association et de l'association avec les tiers, ou encore aux intérêts civils des associés vis-à-vis les uns des autres ». En résumé, pour les associations licites, liberté de naître et d'exister sans que l'État n'y puisse opposer son veto, mais avec la seule condition de se faire connaître par une déclaration préalable et de déposer leurs statuts.

B. — *Droit de dissolution judiciaire.* — L'association est publique. L'État connaît son existence. Il exercera facilement son contrôle. Il pourra même dans certains cas dissoudre l'association oublieuse de ses devoirs. A ce point de vue le droit de l'État est inattaquable. Il y a là une nécessité sociale. Quand l'existence d'une personne naturelle constitue un danger pour la société, il faut bien reconnaître à la société le droit de la supprimer : il n'y aurait pas de société possible sans cela. Les seules choses que l'on puisse exiger c'est que la suppression de la personne juridique ne soit pas livrée à l'arbitraire d'un gouvernement et soit entourée de garanties suffisantes. On peut discuter les formes de la révocation, mais le principe en lui-même est indiscutable. C'est entre les mains du pouvoir judiciaire qu'il faut remettre le droit de condamner à mort l'association. Le pouvoir politique ou administratif ne doit avoir ici aucune action. C'est le corollaire nécessaire de la suppression de l'autorisation préalable. « Sinon, dit M. J. Simon, quelque précaution que nous eussions prise, nous n'aurions soustrait au pouvoir arbitraire la naissance de l'association que pour y soumettre son existence » (1).

Les causes de dissolution d'une association sont multiples : il serait difficile de les prévoir toutes. La plupart résulteront soit du code civil, soit des dispositions édictées par la loi sur les associations. Les infractions à cette dernière, pourront, mais surtout en cas de récidive, entraîner la mort de l'association. Cette dissolution pourra résulter quelquefois des fautes graves commises, par les associés. Dans tous ces cas, il faudra laisser au juge un pouvoir discrétionnaire, il devra décider seul, si le délit est assez grave pour mériter la peine de la dissolution.

« La loi, dit M. Hubert Brice (2), ne peut et ne doit fournir ici que des indications. La dissolution est souvent une mesure destinée à parer aux dangers que peut présenter telle association. Or il peut arriver qu'une association commette par exemple, sous une direction inhabile, de fréquentes infractions, sans constituer le moindre danger, tandis qu'une autre toujours en règle au point de vue des apparences et de la forme, devra être, en raison de son véritable caractère, atteinte avec rigueur à son premier délit. »

On a souvent montré les dangers de l'association composée d'étrangers ou dirigée par des étrangers. Certainement dans bien des cas la dissolution sera nécessaire; mais contrairement à l'opinion émise par M. Floquet, dans son rapport de 1888, nous réserverons

(1) Projet 1882, p. 427.
(2) Thèse, p. 156.

encore ici à la magistrature le droit de dissoudre cette
association. Devant les tribunaux, en effet, les débats
sont toujours contradictoires et, il y a là une garantie
nécessaire et suffisante pour les délinquants.

C. — *Répression des délits prévus.* — La dissolution
est une arme puissante dont le magistrat ne devra pas
abuser. N'a-t-il donc à sa disposition que ce moyen de
sévir? Ne peut-il pas infliger dans certains cas aux
associés des pénalités en rapport avec leurs fautes ?

Il trouvera dans le code pénal, dans la loi que nous
sollicitons, des articles nombreux lui permettant
d'atteindre les administrateurs de l'association et de
leur appliquer des peines variables d'amende ou d'emprisonnement.

L'association a-t-elle commis une faute, crime, délit
ou contravention, les sociétaires personnellement coupables doivent être poursuivis et les directeurs ou
administrateurs sont toujours présumés, sauf preuve
contraire, y avoir participé d'une façon directe et personnelle.

Tous les délits commis devront être punis, et si
c'est l'association qui sert à les commettre, « il est
juste et naturel, dit M. Dareste (1), qu'elle en soit
une circonstance aggravante et qu'elle soit punie non
comme association, mais parce qu'elle a été employée
à mal faire. »

Ce que les tribunaux devraient toujours éviter, c'est
de considérer l'association comme un délit, de la punir
comme telle. « Une association en soi, disait M. Bertauld, en 1872, n'est ni un délit, ni une tentative de

(1) *Revue des Deux-Mondes,* 15 octobre 1891, p. 830.

délit, ce n'est pas un commencement d'exécution, c'est un fait qui peut servir d'occasion à des délits, ce n'est même pas à proprement parler une préparation de délit. »

Nous ne faisons de réserve sur ce point que si l'association avait un but délictueux ou poursuivait un but légitime par des moyens illicites : dans ce cas, comme nous allons le voir, la culpabilité devrait être déclarée par les tribunaux, *a priori* et abstraction faite de tout agissement préalable.

D. — *Interdiction des sociétés à objet délictuel.* — Il y a certaines fautes qui engendrent pour les associations une cause de dissolution inévitable. Il est certaines catégories d'associations dont un état vraiment libre, respectueux de la dignité de ses sujets, ne doit pas tolérer l'existence. Ce sont celles, qui, loin d'assurer la paix sociale et de donner l'exemple de la solidarité, sont une menace pour la tranquillité publique et jettent le désordre et la désunion au milieu d'un peuple. Les associations dont les statuts sont illicites doivent être interdites. Quelle définition donnera-t-on du mot « illicites » devra-t-on se conformer aux exemples du législateur, laisser aux juges toute latitude et lui permettre par là de dissoudre toutes les associations « contraires aux lois et aux bonnes mœurs. » Une énumération serait ici difficile à faire et nous ne suivrons pas sur ce terrain l'exemple de M. Bertauld qui, dans son projet de 1871, donnait la nomenclature des associations qu'un État ne doit pas tolérer. Plus ingénieux est, sur ce point, le système de M. J. Simon, qui s'en rapporte à la loi pour déterminer le caractère délictueux du but indiqué dans les statuts et aux juges pour décider si l'autorisation est contraire aux mœurs. Ainsi on refusera tout droit à l'existence à ces bandes d'individus qui, faisant un commerce du vol et du pillage, conviennent de mettre en commun les produits de leurs méfaits. Les associations de malfaiteurs ont toujours été sévèrement réprimées et notre législateur s'est montré à leur égard très rigoureux dans l'article 465 du code pénal.

A côté de ces associations qui, de tout temps, ont essayé de se faire jour, on peut en concevoir d'autres qui, composés d'individus aux idées subversives et malsaines, jettent le désarroi dans une nation et aspirent à former non pas seulement un Etat dans l'Etat, mais un Etat contre l'Etat. Nous entendons parler des associations révolutionnaires, de ces groupes d'hommes que la passion politique aveugle et qui ne reculent pas de mettre au service de leurs utopies la violence et la force. Ils ne craignent pas d'armer les citoyens les uns contre les autres, ils veulent assurer par là le succès de leurs opinions, renverser le gouvernement établi. Ils oublient qu'on ne triomphe des idées qu'en opposant des idées contraires et que l'on ne construit rien de stable ni de durable là où on ne pose pour bases, que la violence et que la haine.

Arrière également ces associations qui, sous le couvert de corporations ouvrières ou de syndicats professionnels, ne sont que des foyers ardents où se fomentent des grèves perpétuelles, où se préparent les batailles quelquefois terribles, que le travail veut livrer au capital, où d'habiles meneurs prêchent à des auditeurs trop confiants. l'abolition de l'autorité, la suppression de toutes les frontières, prenant pour devise ce cri devenu fameux : Ni Dieu, ni Maître, ni Patrie. L'*Association internationale des travailleurs* dont le principal but était de provoquer la suspension du travail, a joué pendant la Commune un rôle trop néfaste pour n'avoir pas mérité la sentence de mort que lui infligeait la loi du 14 mars 1872. Quoi de plus illicite que son but! Que de plus immoraux que ses statuts! Encouragement aux grèves, subordination du capital au travail, suppression de l'hérédité individuelle, suppression de la propriété et mise en commun du sol sous le nom de collectivité sociale, anéantissement de l'idée de patrie, abolition de tout culte extérieur, tel était son programme. Non, l'Etat ne pouvait admettre ni supporter l'existence de ces agrégats d'individus qui proclamaient d'une façon si arrogante que « l'ouvrier n'a pas de patrie, qu'il n'a que des intérêts de défense contre le capital et la propriété. »

D'autres sociétés méritent encore les foudres du législateur, ce sont celles qui, honteuses pour ainsi dire de leur existence, n'osent avouer leur but et délibèrent dans l'ombre et le mystère. Les sociétés secrètes doivent être proscrites, elles ne doivent pas avoir leur place dans un pays libre.

Dans tous ces cas, qu'il s'agisse d'associations de malfaiteurs ou de révolutionnaires, de sociétés secrètes, leur existence étant dangereuse et menaçante, révèle chez les associés une perversité assez grande pour que ces associations constituent en elles-mêmes et en dehors de la perpétration d'aucun autre crime ou délit, un fait punissable. « C'est, disent MM. Chauveau et Hélie, cette organisation seule qui constitue le crime, c'est là la condition unique et nécessaire de son existence, le fait extérieur qui décèle le péril, et que la loi peut et veut atteindre. »

Nous avons vu que l'État avait des droits sur les associations, droits incontestables, sans le respect desquels il ne pourrait utilement exercer l'influence qu'il doit avoir. Il est également soumis à leur égard à des devoirs, il doit les protéger et leur faciliter la tâche. La protection doit aller plus loin et s'exercer ausssi sur les divers associés pris individuellement, sur les individus isolés. Il doit surtout les sauvegarder contre les sociétés et les corporations qui voudraient dépasser leur but et englober de force dans leur sein tous les hommes quels qu'ils soient ; car, il est évident que si ceux-ci ont le droit de s'associer, ils ont plus certainement le droit de ne pas le faire. Chaque membre doit être libre d'entrer à sa guise dans une association et d'en sortir quand bon lui semble. Il faut pour tous la liberté et une liberté sans contrainte. « Il faut, dit M. Desjardins (1), répudier le principe général de l'association forcée, la vertu même ne doit pas être embrassée par contrainte. Je me crois, à tort ou à raison, assez fort pour marcher seul ! de quel droit m'imposer un compagnon. C'est en me reposant sur moi-même que je sens mon activité croître et mon intelligence s'illuminer ; de quel droit m'écraser sous le joug de la collaboration ? Toute association particulière a ses charges comme ses avantages. Si j'entends me passer de ceux-ci pour ne pas subir celles-là, nul n'a le droit de refaire mon calcul et de prendre un parti contre moi-même... Il faut défendre la liberté d'association et combattre la tyrannie des associations. »

(1) *Op. cit.*, p. 174.

5

Tous ces préliminaires posés, après avoir essayé de démontrer quels devaient être à l'égard de toutes les associations les droits et les devoirs de l'État, il nous reste à étudier comment ce droit à l'association a été compris et respecté dans notre France contemporaine. Nous nous attacherons surtout à suivre sa marche en prenant pour point de départ la Révolution française. A l'heure actuelle, nous ne vivons que sous un régime de tolérance, pour ne pas écrire de prohibition. Nous étudierons les causes des lois restrictives qui nous régissent en ce moment, alors que la liberté d'association est de plus en plus sollicitée, que les essais de sociétés, de groupements, surgissent de toutes parts, alors que la plupart des citoyens français tentent de mettre en pratique cette parole tombée, il y a quelques années du haut de la tribune de la Chambre des députés : « Sait-on comment on défend une liberté restreinte? on la défend, on l'élargit, en s'en servant; il n'y a d'épées rouillées que celles qui ne sortent pas du fourreau. »

CHAPITRE III

LE DROIT A L'ASSOCIATION ET LA PÉRIODE RÉVOLUTIONNAIRE.

Les Etats-Généraux de 1789 étaient rassemblés ; bien plus l'Assemblée constituante était formée, Necker renvoyé et la Bastille prise, et dans la nuit du 4 août, les députés de la noblesse et du clergé avaient abjuré les privilèges de leur ordre et de leur province. En un mot, l'ancien régime venait de s'écrouler. Il s'agissait de fonder un régime nouveau qui aurait pour base la justice, et pour devise ces trois mots : liberté, égalité, fraternité. L'Assemblée constituante se mit à l'œuvre. Elle s'éclaira beaucoup des lumières de la raison et répudia peut-être un peu trop les leçons de l'histoire. Bref, elle rédigea, le 12 août, la déclaration des droits de l'homme, résumé de sa doctrine, règle des siècles à venir. La souveraineté du peuple, l'égalité de tous les citoyens devant la loi et devant l'impôt figurèrent en tête des immortels principes de 1789. Des réformes furent opérées, tant au point de vue administratif et judiciaire, qu'au point de vue financier et ecclésiastique.

Que devint pendant toute cette période révolutionnaire, la liberté d'association ? Fut-elle considérée comme le panacée qui devait être apporté à la centralisation excessive de l'ancien régime, ou bien au contraire, fut-elle repoussée comme un élément de désordre et une cause de trouble ?

I

A. — Dans la plupart des cahiers, les différentes libertés publiques étaient unanimement réclamées. La noblesse et le clergé, en acceptant l'égalité, que revendiquait le Tiers-Etat, recherchaient surtout la liberté. Nulle part un sentiment, nulle part une parole hostile au principe libéral. Chacun en reconnaît l'excellence. Tout le monde voit en lui le palladium des sociétés modernes. Aussi la déclaration des droits de l'homme proclame-t-elle tour à tour la liberté des cultes, la liberté de la presse, la liberté du commerce, la liberté du travail, la liberté individuelle. Et pourtant, dans aucun article, à prime abord, nous ne voyons concédée

en principe la liberté d'association. Cependant les clubs
existent déjà. Ces diverses sociétés qui, sous le règne
de Louis XV et jusqu'au 1ᵉʳ mai 1789, se cachaient
dans l'ombre et tramaient des complots, ne tardent
pas à se montrer au grand jour et à étaler à la face du
gouvernement, leurs ambitions et leur audace. L'assemblée constituante, sans les prohiber à l'origine, usa
envers eux d'un régime de tolérance, elle essaya de
fermer les yeux, mais ce fut plus fort qu'elle : le flot
envahisseur des sociétés politiques montait toujours.
Devant ce danger, l'assemblée se verra obligée d'user
de représailles et de dicter des lois.

Cette assemblée qui, suivant M. Taine (1) « avait
tranché toutes les attaches naturelles ou acquises par
lesquelles la géographie, le climat, l'histoire, la profession, le métier unissaient les divers citoyens, avait
supprimé les anciennes provinces, les anciens états
provinciaux, les anciennes administrations munici-
pales, les parlements, etc., avait dispersé les groupes
les plus spontanés » elle qui « avait découpé géométri-
quement la France comme un damier, et dans ces
cadres improvisés n'avait laissé subsister que des individus isolés et juxtaposés » ; elle qui avait entendu
Mirabeau proclamer que « les sociétés particulières
placées dans la société générale rompent l'unité de ses
principes et l'équilibre de ses forces, que les grands
corps politiques sont dangereux dans un État, par la
force qui résulte de leur coalition, par la résistance qui
naît de leur intérêt », comment pouvait-elle ignorer à
l'heure de son triomphe, le mal que ces sociétés popu-

(1) *Op. cit.* Révolution, II, 222.

laires, alors vivaces, étaient destinées à engendrer dans
son sein ? Voulait-elle ainsi se montrer libérale jusqu'au bout ? Alors que par la loi du 2 mars 1791, elle
abolira les corporations, reconnaissant par là pour tous
le droit de travailler comme la plus sacrée et la plus
inviolable de toutes les propriétés, voulait-elle, en tolérant l'existence de certains clubs révolutionnaires,
proclamer pour tous les citoyens français le droit imprescriptible qu'ils ont de s'unir, de se coaliser, de
s'associer pour la défense de leurs intérêts communs ?
On pourrait être tenté de le croire. Ce qui est certain
c'est qu'à l'origine, cette réunion d'hommes « la plus
noble et la plus généreuse qui eut encore été formée
sur la terre » dit Prévost Paradol (1), essaya de proclamer dans deux lois distinctes la liberté de réunion et la
liberté d'association, confondant souvent l'une et l'autre
dans un même texte et paraissant oublier quelles sont
les limites hors lesquelles la réunion devient une véritable association.

Le 24 décembre 1789 (art. 62), l'Assemblée constituante proclama « que tous les citoyens ont le droit de
se réunir paisiblement et sans armes en assemblées
particulières pour rédiger des adresses et des pétitions. » Le décret des 13-19 novembre 1790 intervint
ensuite pour reconnaître à tous les citoyens le droit de
former des associations libres. « L'Assemblée nationale
après avoir entendu son comité des rapports, déclare
que les citoyens ont le droit de s'assembler paisiblement et de former entre eux des sociétés libres, à la
charge d'observer les lois qui régissent tous les

(1) *France nouvelle*, p. 225.

citoyens. » Au début donc, liberté complète pour tous de s'associer, nulle entrave n'est apportée à ce libre exercice, il suffit de le faire « paisiblement et sans armes » et tels seront encore les termes par lesquels, dans son titre I, la Constitution de 1791 (3 septembre) garantira « comme droit naturel et inné la liberté aux citoyens de s'assembler, en satisfaisant aux lois de police. »

Pendant cet intervalle de temps, alors que l'Assemblée légiférait, plusieurs députés, la plupart délégués de la Bretagne, voulant mettre en commun leurs pensées patriotiques et donner par leur cohésion plus de force à leurs revendications quelquefois utopiques, formèrent entre eux une société décorée tout d'abord du nom de Club breton, société qui devait aller plus loin et qui, après avoir changé son nom en celui de Société de la Révolution, allait plus tard devenir tristement fameuse sous le nom de *Club des Jacobins*.

Dès sa naissance, ce club breton se fit remarquer par ses excès : les discours de quelques-uns de ses membres témoignent assez de l'esprit de désordre et d'anarchie, dont beaucoup étaient alors animés et des abus sans nombre que la liberté d'association allait bientôt engendrer. Aussi devaient-ils rester sans effet, ces règlements qui, comme celui du 16-24 août 1790 (art. 14, titre I), édictaient que ceux « qui voudraient former des sociétés ou clubs seraient tenus, à peine de 200 livres d'amende, de faire préalablement, au greffe de la municipalité, la déclaration des lieu et jour de leur réunion. »

Les clubs surgissaient de toutes parts et leurs excès devenaient alarmants pour la tranquillité publique.

Alors intervint le décret du 29-3o septembre 1791, le dernier acte législatif de la Constituante, sorte de codicille faisant suite à son testament politique qui fut la Constitution de 1791 : L'assemblée semblait regretter la liberté trop grande accordée aux citoyens de s'associer et elle essayait de restreindre dans de sages limites ce droit de former des clubs. Mais le remède apporté était trop anodin, il n'arrivait plus à son heure. Le Chapelier fut chargé de rédiger le rapport, il s'éleva avec véhémence contre « ces sociétés que l'enthousiasme pour la liberté a formées, auxquelles elle doit son prompt rétablissement, mais qui bientôt se sont écartées de leur but... et ont pris une espèce d'existence politiques qu'elles ne doivent point avoir... Il est permis à tous les citoyens, ajoutait-il, de s'assembler paisiblement, mais... il n'y a de pouvoirs que ceux constitués par la volonté du peuple, exprimée par ses représentants... Les sociétés, les réunions paisibles de citoyens, les clubs sont inaperçus dans l'État ; sortent-ils de la situation privée où les place la constitution, ils la détruisent » (1).

L'assemblée interdit les députations et les adresses des clubs, leur assistance collective aux cérémonies publiques, la publication de leurs débats. Ces prohibitions ne furent pas de longue durée, et la Convention devait bientôt lever ces légères entraves que la Constituante essayait d'établir pour modérer l'action des clubs et réprimer leurs écarts particuliers.

Si la Constituante favorisa le développement des

(1) Cité par M. Weil, *Droit d'association et droit de réunion*, p. 13.

sociétés libres et ne sut pas entraver leur marche incessante vers le mal, elle avait horreur des associations
forcées et elle eut à cœur de faire disparaître toutes ces
corporations de métier, vestiges de l'ancienne monarchie, groupes favorisés qui ne pouvaient subsister sous
un régime de réaction violente et générale contre les
privilèges. L'article 1ᵉʳ du décret du 14-17 juin 1791,
sur les assemblées d'ouvriers est ainsi conçu : « L'anéantissement de toutes espèces de corporations de citoyens
de même état et profession, étant une des bases fondamentales de la constitution française, il est défendu de
les rétablir en fait sous quelque prétexte et quelque
forme que ce soit. » L'article 2 n'est pas moins prohibitif (1). Il semble tout à fait en opposition avec le
système adopté par la Constituante de favoriser la
liberté d'association, mais il est bien en harmonie avec
le principe admis alors de ne plus tolérer en France
que des individus dispersés, impuissants, éphémères
et en face d'eux, selon l'expression de M. Taine (2), « le
corps unique et permanent qui a dévoré tous les autres,
l'État, véritable colosse, seul debout au milieu de tous
ces nains chétifs. »

B. — Si l'assemblée traitait ainsi les associations
politiques, quelle conduite se crut-elle en devoir de
tenir devant les congrégations religieuses ? Allait-elle

---

(1) Art. 2 dudit décret. — « Les citoyens d'un même état ou
profession, les entrepreneurs, ceux qui ont boutique ouverte, les
ouvriers et compagnons d'un art quelconque ne pourront, quand
ils se trouveront ensemble, nommer ni Président, ni Secrétaire, ni
Syndics, prendre des arrêtés ou délibérations, former des règlements sur leurs prétendus intérêts communs. »

(2) *Op. cit. Révolution*, t. II, 225.

les supprimer ? N'éveillaient-elles pas chez elle tous
les souvenirs d'un régime dont elle avait juré d'anéantir jusqu'aux traces? Ne lui rappelaient-elles pas cette
tutelle incessante à laquelle les monastères soumirent
les Français du Moyen-Age. Tolérer les congrégations
religieuses, c'était leur reconnaître le droit de posséder
et par là même de conserver et d'entretenir ces formi-
dables biens de mainmorte dont le nom seul éveille
chez beaucoup de législateurs les plus terribles soup-
çons, les plus étranges ressentiments ? Allait-elle au
contraire leur donner le droit à la vie, et les entourer,
comme sous les anciens rois, d'un système de faveur
et de privilèges, qu'elle refusait à tous les autres ordres, à toutes les associations. En un mot, allait-elle
se mettre en contradiction avec le principe éminem-
ment libéral dont elle s'inspirait ou devait-elle, oubliant
sa manière de voir et sa raison d'être, laisser subsister
une classe de privilégiés dans ce nouveau milieu où le
nom seul de privilège déchaînait toutes les colères?
Comme nous allons le voir, cette assemblée sut dans
une certaine mesure faire honneur à ses engagements,
à sa devise. Peut-être faut-il toutefois regretter qu'elle
ne soit allée trop loin dans la voie des prohibitions.
Pourquoi faut-il, en effet, qu'elle ait forgé des armes,
dont devaient bientôt se servir les assemblées qui allaient suivre pour porter aux congrégations religieuses
des coups terribles, leur livrer des assauts redoutables ?

La Constituante paralysa tous les « corps et établissements de mainmorte » en les déclarant perpétuelle-
ment incapables d'avoir la propriété de biens-fonds ou
autres immeubles, et en ordonnant le 5 février 1790,

la suppression des maisons de religieux, partout où il
en existait plusieurs du même ordre, de telle sorte
qu'il n'en restât plus qu'une dans chaque municipalité.

Elle jeta le premier défi aux monastères, en abolis-
sant en France les vœux monastiques, ou plutôt en
refusant à la législation civile le droit de les reconnaître
dans l'avenir (13-19 février 1790). Elle édicta enfin
dans plusieurs décrets successifs des dispositions ré-
gissant la capacité des religieux en matière de succes-
sions.

Mais, quoiqu'on ait pu soutenir, l'assemblée constituante ne supprima jamais les congrégations religieuses.
Elle les abolit seulement en tant que corps, en tant
qu'établissements publics, en tant que personnes civiles
aptes à posséder, elle les laissa libres comme associations. Elle donna aux religieux toute liberté de vivre
en commun ; elle proclama que celui qui avait prononcé
des vœux monastiques était toujours libre de quitter
le monastère et de recommencer la vie du monde, que
les congrégations n'étaient plus à ses yeux que des
réunions d'hommes ou de femmes vivant en commun,
réunions licites mais ignorées de l'administration.
C'était le sentiment de M. Berryer, lorsqu'en 1845, il
laissait échapper ces paroles du haut de la tribune française : « La législation de 1790, détruit, anéantit, interdit le renouvellement de tout établissement monas-
tique et toute reconnaissance publique des vœux, de
tout caractère de personne publique et civile attachée à
une communauté religieuse ; mais cette législation n'a
pas interdit le droit sacré de s'unir sous une même
règle, de prier en commun », et il ajoutait : « cette lé-

gislation ne l'a pas interdit, car cette liberté c'est celle
de penser, c'est celle de sentir, c'est celle de se repen-
tir, c'est celle de se reposer. »

Cette liberté ne devait pas avoir une durée illimitée,
et l'assemblée législative en établissant les premières
mesures d'interdiction contre le droit pour les religieux de s'associer et de vivre en commun, inaugura le
règne des vexations arbitraires et scandaleuses dont
la Convention devait avoir le triste et déshonorant monopole.

II

Pendant sa courte existence, l'assemblée législative
ne s'occupa nullement de légiférer sur les sociétés populaires, si ce n'est pour admettre les pétitions collectives. Mais devant sa tolérance, pour ne pas dire sa
complicité, les clubs s'émancipèrent encore plus,
l'heure de la révolte sonna, et le 10 août, avec la chute
de la royauté, les Jacobins triomphants allaient gouverner la France et marquer leur passage au pouvoir
par l'effusion du sang.

Ce n'est pas à dire que cette assemblée qui compte
à peine une année d'existence, ne portât pas son attention sur les associations. Au contraire : mais tous ses
coups furent dirigés contre les congrégations religieuses
qu'elle frappa d'une sentence de mort.

Pour accomplir son œuvre, elle s'inspira des paroles
que Thouret prononçait à l'Assemblée Constituante le
23 octobre 1789. Il s'exprimait ainsi : « Tous les corps

ne sont que des instruments fabriqués par la loi pour
faire le plus grand bien possible. Que fait l'ouvrier
quand son instrument ne lui convient pas ? Il le brise
ou le modifie. » Tels sont les principes qui devaient,
après avoir servi à masquer les plus tristes spoliations
que l'histoire ait eu à enregistrer, légitimer les plus
grandes injustices et les plus cruelles exécutions.

Le 18 août 1792, l'Assemblée nationale considérant
qu'un État vraiment libre ne doit souffrir dans son sein
aucune corporation, pas même celles qui, vouées à
l'enseignement public, ont bien mérité de la patrie,
supprima toutes les congrégations séculières d'hommes
ou de femmes, ecclésiastiques ou laïques, même celles
qui sont uniquement vouées au service des hôpitaux
et au soulagement des malades, même celles qui donnent l'enseignement primaire, et dont l'abolition, dit
M. Taine (1) « va ôter à 600,000 enfants, les moyens
d'apprendre à lire et à écrire. »

A peine, si, en enlevant aux religieux le droit à
l'existence en commun et les moyens de vivre, elle leur
accorda un morceau de pain et leur distribua quelques
livres de pension. Bien plus elle interdit jusqu'au port
du costume religieux voulant par là faire disparaître le
souvenir même des congrégations religieuses, cher-
chant à faire oublier aux malheureux le dévouement et
le sacrifice de ceux qui leur apprenaient à bien vivre,
et les aidaient à mourir. Du même coup, la législation
de 1792 s'attaquait à deux libertés essentielles au citoyen : la liberté d'association était supprimée, la liberté
religieuse était violée, et c'est à peine si on garda à titre

_____

(1) *Révolution*, t. III, p. 124.

individuel les membres des communautés religieuses qui étaient voués à l'enseignement public et au service des malades dans les hôpitaux.

Et au nom de quels principes l'assemblée législative agissait-elle ainsi ? « Au nom de la liberté, s'écrie M. Jacquier (1) dont on mêlait l'image à ces sombres rigueurs et cela pour toujours, comme si on refaisait l'âme humaine par un décret, comme si d'un trait de plume ou d'une pointe de poignard, on faisait disparaître du cœur ces sentiments immortels qui font sa gloire en lui rappelant sa céleste origine ! Ainsi les couvents étaient à jamais fermés, le vent de la dispersion les avait dépeuplés, et dans nos ports des vaisseaux attendaient pour recevoir les récalcitrants et les transporter à la Guyane Française ».

En effet, la Convention inspiré par l'esprit antireligieux, acheva l'œuvre néfaste de destruction qu'avait entreprise l'assemblée législative, et elle s'attaqua aux membres isolés des congrégations dissoutes.

Par un décret du 24 avril 1793, elle expulse de France tous les ecclésiastiques quels qu'ils soient, qui ne veulent pas prêter aux lois du pays le serment civil, et les fait déporter à la Guyane Française pour cause d'incivisme. Quels sont les auteurs de cette mesure ? Ceux-là même qui vont bientôt rédiger l'acte constitutionnel du 24 juin 1793 et inscrire dans leur nouvelle déclaration des droits de l'homme cet article 7, ainsi conçu : « Le droit de manifester sa pensée et ses opinions, soit par la voie de la presse, soit de toute autre manière; le droit de s'assembler paisiblement; le libre exercice des cultes, ne peuvent être interdits ».

(1) *Thèse sur les Communautés Religieuses*, p. 190.

La liberté d'association religieuse a donc vécu en France. Pendant huit années, les monastères resteront déserts, les malades des hôpitaux mal soignés, et les enfants du pauvre abandonnés. Il faudra l'intervention du Pape Pie VII et du premier Consul pour restaurer en France la religion catholique et faire revivre sur les ruines sanglantes de la Révolution, de nouvelles congrégations.

III

La Convention enfantée par le club des Jacobins, issue des sociétés populaires, ne leur ménagea ni décrets ni lois; le nombre de ses arrêtés ne le céda en rien à leur diversité.

C'est surtout à partir du 27 juin 1793, alors que les Girondins sont proscrits et que les Montagnards déjà maîtres de Paris vont le devenir de la France, que les mesures les plus invraisemblables sont prises pour réglementer le droit d'association. C'est d'abord la loi du 13 juin 1793 qui, dans son article 2, « fait défense aux autorités constituées, de troubler les citoyens dans le droit qu'ils ont de se réunir en assemblées populaires ». L'article 7 de la Constitution de 1793 ne fera que rééditer la reconnaissance de ce droit pour tous les citoyens de s'assembler paisiblement; comme si ce mot d'assemblée paisible ne constituait pas un non-sens dans la bouche d'un Marat, d'un Danton, d'un Robespierre, tous membres de la plus révolutionnaire des assemblées, le club des Jacobins, tous chefs de la

Terreur. Bien plus, au milieu de l'effervescence révolutionnaire, un décret du 25-29 juillet 1793 vient
édicter les peines les plus sévères contre ceux qui empêcheront les sociétés populaires de se réunir ou ten-
teront de les dissoudre (Art. 1 et 2) (1).

A partir de ce jour, les clubs triomphent; ils ren-
versent toutes les barrières; et leur manière d'entendre
la liberté, consiste à restreindre et à supprimer celle
de tous ceux qui ne leur sont pas affiliés. La réaction
ne devait pas tarder à se faire sentir; et à cette licence
effrénée, allait bientôt succéder la plus dure des prohibitions.

La Société des Tricoteuses, qui étalait ses scandales
à la face de Paris et renouvelait dans les rues les scènes
odieuses des Bacchanales, fut l'objet des premières
mesures de répression. Le 9 brumaire an II, un décret
était rendu, dont l'article 1er portait : « Les clubs et
sociétés populaires de femmes, sous quelque dénomination que ce soit, sont défendues (2) », et pour éviter
que ses prescriptions soient transgressées, la Convention ordonna dans l'article 2 du même décret, la publicité de toutes les séances des sociétés populaires et
celles des sociétés libres des arts.

(1) *Article 1.* — Toute autorité, tout individu qui se permettraient
sous quelque prétexte que ce soit, de porter obstacle à la réunion,
ou d'employer quelque moyen pour dissoudre les sociétés populaires, seront poursuivis, comme coupables d'attentats contre la
liberté et punis comme tels.
Article 2. — La peine contre les fonctionnnaires publics qui se
seraient rendus coupables de l'un ou l'autre de ces délits, est de
dix années de fers.
(2) Loi 2. — *Dig. de Reg. Juris.* — *Fœminæ ab omnibus officiis
civilibus, vel publicis remotæ sunt.*

Mais arriva bientôt, avec le 9 thermidor, la chute de Robespierre. La réaction allait se produire et la Convention devait être aussi violente dans ses prohibitions qu'elle avait été large et tolérante dans ses premières prescriptions. Le premier décret qui intervint pour porter le coup de mort aux sociétés populaires est daté du 25 vendémiaire an III. Son article 1er est ainsi conçu :

« Toutes affiliations, agrégations, fédérations, ainsi que toutes correspondances en nom collectif entre sociétés, sous quelque dénomination qu'elles existent, sont défendues comme subversives du gouvernement et contraires à l'unité de la République », et l'article 5 prescrit à chaque société de dresser immédiatement la liste des membres qui la composent.

Le club des Jacobins fut fermé le 20 brumaire suivant et ainsi fut supprimée cette société intolérante qui s'était érigée en Église et avaient proscrit toutes les constitutions qui n'avaient pas reçu d'elle, selon le mot de M. Taine (1), « le baptême de l'orthodoxie, l'inspiration civique et le don des langues. » Ce club essayera, à maintes reprises, de renaître de ses cendres. Mais à chaque nouvelle tentative, il trouvera devant lui une nouvelle loi ou un nouveau décret pour lui barrer le. chemin.

Les mesures législatives se succédaient, et dans sa constitution du 5 fructidor an III, la Convention confirmait ses prohibitions à l'égard des associations politiques. Elle interdit la formation de corporations et d'associations contraires à l'ordre public (art. 360);

(1) *Révolution*, t. II, p. 82.

dans son article 362, elle arrêta qu'aucune société particulière, s'occupant de questions politiques, ne pouvait correspondre avec une autre, ni s'affilier à elle, ni
tenir des séances publiques composées de sociétaires
et d'assistants distingués les uns des autres : disposition très large, car elle soumettait toutes les sociétés à
l'arbitraire gouvernemental : le parti au pouvoir étant
seul le maître souverain pour cataloguer les diverses
sociétés et pour caractériser celles qui ne lui plaisaient
pas de « contraires à l'ordre public. »

Le 6 fructidor an II, l'effet de la constitution se faisait sentir, et un décret prononçait la dissolution de
toutes les assemblées connues sous le nom de clubs.

Toutes ces sociétés populaires ont jeté sur notre pays
un voile funèbre ; elles y ont inspiré l'horreur et l'épou-
vante. « La France se souviendra toujours, disait
M. de Lamartine, lors de la discussion de la loi de
1834, que c'est dans les clubs qu'est venue s'engloutir
la Révolution morale, généreuse, nationale de 1789,
et que c'est dans les clubs qu'a été vomie la révolution
brutale, démagogique et sanguinaire de 1793 ! » Aussi,
toutes les lois qui vont suivre, s'inspireront-elles de
cette défiance invétérée des clubs, et du souvenir néfaste qu'ils ont laissé.

IV

Le premier acte du Directoire fut de prendre un
arrêté, pour interdire certains clubs monarchistes et
montagnards, qui tombaient sous le coup de l'article 360

de la constitution. Une commission, prise dans le Conseil des Cinq-Cents, fut chargée de préparer un projet de loi qui ne fut jamais voté. Les sociétés particulières, ayant pour objet de s'occuper des questions politiques, étaient sous certaines conditions, considérées comme contraires à l'ordre public. Pendant ce temps, Babœuf organisait la société du Panthéon, qui effrayait à juste titre le gouvernement. D'anciens Montagnards, secondés par les disciples de Babœuf, formaient une véritable conspiration dans laquelle ils voulaient même faire entrer l'armée; leurs tentatives échouèrent. Alors fut votée la loi du 7 thermidor an V, qui est devenue le type des articles 291 et suivants du Code pénal. Cette loi eut pour rapporteur le député Duplantier, qui stigmatisa les clubs et fit le tableau des maux qu'ils avaient attirés sur la France. Les clubs eurent pour défenseur le député Eschasseriaux, qui voyait dans leur anéantissement la perte de la République. Néanmoins, toute société particulière s'occupant de questions politiques fut provisoirement défendue, et les membres désormais punis comme coupables d'attroupements. Cette loi ne fut pas de longue durée. L'article 37 de la loi du 19 fructidor an V se borna à déclarer fermée pour l'avenir toute société dans laquelle il serait professé les principes contraires à la constitution.

Telles sont les mesures législatives qui furent édictées sur le droit d'association pendant la période de la Révolution. « Ce n'est pas, dit M. Weil (1), que la question ait dès lors cessé d'être agitée. Bien au con-

(1) *Op. cit.*, p. 22.

traire, elle était encore brûlante, lors du coup d'État de Brumaire. On assiste pendant deux ans à une lutte constante entre le parti du gouvernement, d'une part, qui cherche par tous les moyens à enrayer les excès des clubs, tantôt usant contre eux des armes qu'il croit trouver dans la loi, tantôt tâchant de provoquer contre eux une loi nouvelle; et, d'autre part, le parti Jacobin qui, à chaque mesure prise par le Directoire contre une société politique, crie à la violation de la Constitution, et qui dénonce comme des menées monarchiques tous les projets législatifs en préparation contre ces sociétés. »

Du 25 ventôse an VI au 18 brumaire an VIII, les répressions se succèdent contre les clubs. Certaines sociétés constitutionnelles, comme les Jacobins du manège « amis de l'égalité et de la liberté », sont fermées. Le 13 thermidor an VII, le Conseil des Anciens prenait l'initiative des mesures de prohibitions, et Carnot interdisait la société des Jacobins ; sur l'appel du Directoire, le Conseil des Cinq-Cents faisait élaborer un projet de loi anodin qui ne vit jamais le jour. Voici le préambule qui avait été rédigé par une commission spéciale : « Considérant qu'il importe de faire jouir le peuple français de tous les droits que lui assure l'acte constitutionnel, que partout où il vient se former des sociétés particulières s'occupant de questions politiques, il importe d'en assurer l'ordre et la tranquillité par une loi protectrice et en même temps répressive de tout délit qui pourrait s'y commettre, etc... »

Le Directoire sévissait toujours et faisait sans cesse éclore des projets contradictoires. La discussion de la

loi sur l'organisation des sociétés était encore à l'ordre
du jour, quand le 18 brumaire arriva.

V

Que devint donc, pendant la Révolution, la liberté
d'association? Les diverses constitutions, les lois
nombreuses qui se sont succédé avec tant de rapidité,
ont-elles consacré ce droit primordial et sacré qu'ont
les hommes de se coaliser et de s'unir pour la défense
de leurs intérêts communs ? En général, non. Il se peut
qu'en droit, les divers partis qui se sont successivement
disputé le pouvoir avaient eu à cœur de proclamer
hautement leur respect pour la liberté de s'associer.
Mais en fait, qu'advint-il ? Prenons une à une les
formes principales sous lesquelles peut se manifester
l'association, et nous verrons qu'à aucune d'entre elles
le législateur révolutionnaire n'a donné la latitude de
naître et de se développer.

Au point de vue politique, quoi de plus variable que
les lois de ces dix années ? Suivant les besoins du moment, suivant les caprices de la poignée d'hommes au
pouvoir, les clubs sont favorisés ou interdits, les
sociétés populaires sont spécialement permises ou re-
çoivent l'ordre de se dissoudre. Bien plus, il arrive un
jour où sont seules tolérées celles qui ne sont pas contraires à l'ordre public. Quoi de plus arbitraire et de
plus antilibéral que ces dispositions ? Aujourd'hui,
toutes les lois proclament les bienfaits du club des
Jacobins ; demain toutes les armes seront dirigées
contre lui.

Au point de vue religieux, l'Assemblée constituante avait osé proclamer la liberté d'association, et permettre aux moines de vivre en commun, tout en leur retirant leur fortune et leurs monastères ; mais depuis les décrets de l'Assemblée législative, le droit de naître est enlevé aux congrégations religieuses, et il ne reste plus à ceux que le zèle dévore et que la foi inspire, qu'à prendre le chemin de l'exil. Est-ce là la liberté d'association ? Bien plus, un moment il fut interdit aux fidèles de se réunir et de s'assembler pour exercer leur culte ; les prêtres furent mis en prison et guillotinés, les temples dévastés.

Enfin, au point de vue scientifique, littéraire et artistique, pouvait-on supposer qu'il y eut encore, pendant la période révolutionnaire, ces académies et ces corps savants qui font l'honneur de notre France actuelle, alors que le nom seul de la science, que les chefs-d'œuvres de nos peintres irritaient les gouvernants, que la plus grande tolérance était accordée à ces dévastateurs sans nombre qui ont privé le pays d'une partie de ses plus importantes richesses, alors que les bibliothèques, les muséums et les jardins botaniques étaient confisqués. Le décret du 8 août 1793, supprimant toutes les académies et sociétés littéraires patentées ou dotées par la nation, nous dit assez comment on entendait alors la liberté d'association ; il eut mieux valu à la Convention laisser se développer et prospérer toutes ces sociétés si utiles, plutôt que d'inscrire dans la Constitution de l'an III cet article 300 (1), des

(1) Cet article est ainsi conçu : « Les citoyens ont le droit de former des sociétés libres pour concourir au progrès des sciences, des lettres et des arts ».

dispositions duquel on ne put tout d'abord profiter.

Les sociétés commerciales elles-mêmes sont un objet de suspicion pour les despotes au pouvoir ; aussi un décret du 26 germinal an II supprime-t-il purement et simplement les compagnies financières, avec interdiction de les rétablir à l'avenir.

En général, on peut le dire, l'une des grandes erreurs de la Révolution fut sa répugnance pour tout libre groupement de citoyens, sa méfiance pour toute espèce de liberté d'association. Tous les êtres moraux existants sont détruits. L'État se fait leur tuteur. Leurs biens sont supprimés, comme si c'était l'office du tuteur de dépouiller son pupille. « S'il est une chose, dit M. Leroy-Beaulieu (1), que nous ayions peine à pardonner à la Révolution, c'est d'avoir, dans les domaines les plus divers, supprimé tous les groupes historiques ou naturels, toutes les associations, tous les corps, c'est-à-dire tout ce qui, en France, avait vie spontanée ; et, si la destruction en était nécessaire, la plupart de ces anciens corps ne répondant plus à leur objet, c'est, après avoir aboli toutes les corporations, les compagnies, les communautés plus ou moins vieillies et usées de la France ancienne, d'avoir tout fait pour empêcher les organes sociaux de repousser et de se régénérer, d'avoir proscrit tout agrégat particulier et tout organisme vivant, de n'avoir considéré partout que l'individu isolé, en s'ingéniant à le maintenir dans son isolement. »

En agissant ainsi, la Révolution n'a fait qu'obéir à la philosophie du temps, habituée par sa méthode et

(1) *La Papauté et la Démocratie*, p. 184.

par tous ses penchants à considérer l'individu seul.
Trop dominées par les théories et les sentiments de la
génération au milieu de laquelle elles vécurent, les
assemblées qui se succédèrent au pouvoir ont paru tou-
chées des droits de l'indépendance individuelle jusqu'à
sacrifier ceux de l'association « sauf à se rattraper du
côté d'une centralisation excessive, legs de la monarchie accru par la République. »

Ces principes enfantés par Condillac, Helvetius et
Rousseau, appliqués par les hommes de la Révolution,
nous allons les voir triompher de nouveau dans les
années qui vont suivre. Isoler les individus, concentrer tous les pouvoirs entre les mains de l'État omni-
potent, telle sera la ligne de conduite que va suivre
Napoléon ; la consécration s'en trouvera dans les
articles 291 et suivants du Code pénal, articles qui sont
la base de la législation actuelle sur le droit à l'association.

VI

Avant d'arriver à l'étude de ces articles, voyons ce
que devint la liberté d'association, du 18 brumaire
an VIII jusqu'au moment de la promulgation du Code
pénal.

. La constitution du 22 frimaire au VIII est complètement muette sur le droit de former des assemblées,
des sociétés, des associations. A quoi faut-il attribuer
ce silence?.Ne faut-il pas en chercher la cause dans ce
fait que le premier consul détenant entre ses mains

tous les pouvoirs, n'avait pas besoin de loi spéciale
pour dissoudre à sa guise tous les corps qui le gênaient,
toutes les associations qui lui portaient ombrage. Or,
n'y avait-il pas dans la constitution, l'article 46 permettant de décerner des mandats d'arrêts ou d'amener
contre les personnes présumées auteurs ou complices
de conspiration contre l'Etat. Article très large, capable de comprendre dans ses prohibitions aussi bien les
individus isolés que les coalitions de meneurs; article
dont le complément naturel se trouve dans l'arrêté du
12 messidor an VIII. Celui-ci en effet, déterminant
les fonctions du préfet de police contient un article 10
ainsi conçu : « Il prendra les mesures propres à dis-
siper les attroupements, les coalitions d'ouvriers.....
les réunions tumultueuses ou menaçant la tranquillité
publique ». N'accorde-t-on pas par là au préfet de police un pouvoir exhorbitant, lui donnant la haute main
sur tout ce qui peut avoir le caractère d'association ou
de réunion.

Mais arriva l'année 1810. Elle apporta une réglementation spéciale au droit d'association, et vit insérer dans le Code pénal ces articles 291 et suivants qui
sont une preuve indeniable du despotisme de l'Empereur, de sa volonté arrêtée de tout centraliser au profit
de l'Etat.

Les congrégations religieuses furent également en
but aux sévérités du premier consul, et il suffit de lire
les dispositions successives prises contre elles pour se
pénétrer de l'intention de Bonaparte à leur égard.

L'article 11 du concordat résume toute la manière
de voir de cet homme alors si puissant, au sujet des
congrégations religieuses ; il renferme en quelques mots

toute la politique qu'il entend suivre en cette question. Il
se pourra bien que par la suite, quelques congrégations
essaient de vivre au grand jour, certaines communautés de femmes en particulier ; mais les menaces
continuelles de dissolutions les empêcheront de se développer ; et les coups ne tarderont pas à frapper celles
qui oseront vivre sans autorisation. Napoléon devenu
empereur fera peser sur elles comme sur tous les corps
de l'Etat sa domination parfois tyrannique, et n'hési-
tera pas à rendre des décrets qui seront pour la plupart des sentences de mort.

Le concordat venait de permettre le rétablissement des chapitres cathédraux et des séminaires; à
cela devait se borner sa générosité, et l'article 11
était ainsi conçu : « Tous autres établissements
ecclésiastiques sont supprimés. » C'était sans contredit interdire toutes les congrégations religieuses ;
il suffit de lire le rapport préalable de Portalis pour
s'en convaincre. Le ministre des cultes concluait ainsi :
« Elles (les congrégations religieuses) avaient été mi-
nées par le temps ; il n'est pas nécessaire à la religion
qu'il existe des institutions pareilles. » — Et après avoir
reconnu le droit qu'il reconnaissait au gouvernement,
d'autoriser à sa guise telle ou telle congrégation,
Portalis ajoutait dans un autre rapport du 25 fructidor
an X : « Dans quelques années, il sera peut-être sage de
favoriser des établissements qui pourront servir d'a-
sile à toutes les têtes exaltées, à toutes les âmes sensibles..... Mais dans ce moment, tout cela est préma-
turé ; il est impossible de rien autoriser de pareil. »

Depuis le rétablissement en France du culte catholique, certaines associations composées en grande par-

tie des membres des anciens ordres monastiques, se formaient dans plusieurs villes ; les unes obtenaient parfois du gouvernement l'autorisation nécessaire à leur existence : ce furent surtout les communautés de femmes vouées exclusivement au service des malades ou à l'instruction des pauvres, et les frères des Ecoles chrétiennes ; les autres vivaient sans permission et se trouvaient sans cesse sous le coup d'une perpétuelle menace de mort. Elles existaient selon M. Taine (1) « à titre révocable, par tolérance, sous l'arbitraire, suspendues à un fil qui le lendemain peut-être serait coupé net par le bon plaisir. »

Quelques esprits timorés, effrayés de l'apparition de ces groupements, firent entendre des doléances et demandèrent une répression.

Pour eux, de telles constitutions étaient illicites, par cela seul qu'elles n'étaient pas autorisées ; aussi le 5 pluviôse an XI, le conseiller d'Etat chargé des cultes écrivit-il aux évêques : « Un établissement religieux quel qu'il soit, ne doit pas être un mystère pour l'Etat et ne peut exister sans une autorisation formelle, et sans une vérification préalable à toute autorisation. » Le fameux décret du 3 messidor an XII, devait enfin satisfaire plus encore les réclamations. Il fut rendu sur le rapport de Portalis, au sujet d'une demande en autorisation formée par la société des Paccanaristes, religieux « adorateurs de Jésus » et dont le but était d'instruire les enfants pauvres et de travailler à la conversion des infidèles dans les missions.

Ce décret, dans son article 1er, prononce la dissolu-

____

(1) *Op. cit.* Régime moderne, t. II, p. 29.

tion de cette association religieuse et ordonne aux
Paccanaristes de se retirer dans leurs diocèses respectifs
pour y vivre sous la juridiction de l'ordinaire. Mais
les articles 3 et 4 sont des plus importants et ils seront
sans cesse invoqués toutes les fois qu'un gouvernement
quel qu'il soit se trouvera aux prises avec une agrégation de religieux qui le gênent; ce sera pour lui une
épée, qu'il sortira du fourreau, ou bien même qu'il y
laissera rouiller suivant les besoins du moment et les
caprices de la politique.

De ces deux dispositions (1) il résulte :

1° La nécessité d'une autorisation gouvernementale
pour qu'une congrégation puisse se former;

2° Et la règle générale que cette autorisation ne serait
jamais accordée aux congrégations dont les membres
se lieraient par des vœux perpétuels. Ce décret rem-
place donc le système de la prohibition absolue par
celui de l'autorisation préalable; il est peut-être moins
antilibéral, il est certainement plus arbitraire et peut
dans grand nombre de cas engendrer l'injustice.

Avant comme après ce décret, plusieurs congrégations d'hommes et en particulier celles des Lazaristes,
des Missions étrangères et du Saint-Esprit furent autorisées.

---

(1) *Article 3* du décret du 3 messidor an XII. — « Les lois qui
s'opposent à l'admission de tout ordre religieux dans lesquels on
se lie par des vœux perpétuels, continueront d'être exécutées
selon leur forme et teneur. »

Article 4. — « Aucune agrégation ou congrégation d'hommes
ou de femmes ne pourra se former à l'avenir sous prétexte de
religion, à moins qu'elle n'ait été formellement autorisée par un
décret impérial, sur le vu des statuts et règlements selon lesquels
on se proposerait de vivre dans cette agrégation ou association. »

Ces diverses autorisations furent révoquées par un décret du 28 septembre 1809, qui ne laissa subsister que les frères des Écoles Chrétiennes et les établissements religieux d'hommes chargés spécialement du service dans les montagnes. Certains décrets de suppression furent encore promulgués, et la longue série ne s'en trouva close que le 3 janvier 1812, date à partir de laquelle l'Empereur ne laissa subsister en France que quelques congrégations « dans lesquelles on ne fait pas de vœux perpétuels, et dont les individus sont uniquement consacrés par leur institution, soit à soigner les malades, soit au service de l'instruction publique. » Cette énumération des lois, cette nomenclature de décrets était nécessaire pour montrer les étapes successives qu'ont traversées sous le Consulat et l'Empire les congrégations religieuses, étapes qui ont toutes pour point d'arrivée et pour but, la suppression de la liberté d'association. On ne peut comparer la vie des établissements religieux pendant tout cet intervalle de temps qu'aux entreprises de ces voyageurs qui s'engagent dans un chemin dont ils ne connaissent pas l'issue et dont l'entrée est protégée par un poteau sur lequel on lit cette inscription : « Passage interdit. » Il arrive nécessairement un moment où ces voyageurs ne pouvant surmonter les obstacles qui se présentent devant eux, rétrogradent et renoncent à leur entreprise, ou bien, plus hardis, ils affrontent le péril, mais ils ne tardent pas à succomber sous les coups du mauvais destin.

Pendant que l'Empereur supprimait à plaisir la plupart des congrégations dont il redoutait l'influence, le tribunat et le Corps législatif mettaient la dernière main au Code pénal, dont les articles 291 et suivants, relatifs au droit d'association, sont encore la base de notre système actuel. Ils vont former désormais l'objet de notre étude.

CHAPITRE IV

LES ARTICLES 291-294 DU CODE PÉNAL ET LA LOI DU
10 AVRIL 1834.

Depuis 1789 jusqu'en 1811, c'est-à-dire jusqu'au
moment où furent mis à exécution les articles du code
pénal, nous voyons un grand nombre de décrets s'attaquer les uns après les autres aux diverses associations
qui couvrent le territoire de la France, mais nous ne
trouvons aucune loi qui englobât dans une seule disposition toutes les associations quelles que soient les formes qu'elles revêtent; les législateurs de la Révolution
apportèrent des entraves multiples au droit de s'associer, mais ils n'avaient pas créé le délit d'association.
Jusque-là aucune prohibition générale, rien que des
dispositions spéciales et l'article 291 du code pénal est
le premier qui ait formulé d'une façon nette et précise,
l'interdiction de s'associer sans autorisation préalable;

pour la première fois, nous voyons le mot « illicite » devenir le qualificatif inséparable du mot « association. »

I

Napoléon, ayant à reconstituer sur les ruines de la France un Empire nouveau, préféra tuer la liberté dès son berceau et fit peser sur tous ses sujets l'autocratie la plus lourde, l'absolutisme le plus impérieux que l'on puisse concevoir. Il ne pouvait pas tolérer qu'il put exister des États dans l'État, et la crainte des associations l'aveugla à un tel point qu'il préféra les prohiber toutes, plutôt que de les laisser vivre, fût-ce même sous l'œil vigilant de sa police si bien dressée. Il avait d'ailleurs sous les yeux le souvenir trop récent de l'influence néfaste des sociétés populaires pour pouvoir en souffrir l'existence et il supprima le droit si naturel et si légitime de s'associer. « Ces mots d'associations illicites, disait le rapporteur de la commission du Corps législatif (1) rappellent, de déplorables souvenirs : quel est celui d'entre vous qui n'a été la victime ou le témoin de ces assemblées délibérantes où la révolte et l'assassinat étaient sans cesse à l'ordre du jour, qui, s'étant établies pour surveiller les autorités, les contrariaient dans leurs résultats les plus précieux et les plus justes et organisaient ainsi l'anarchie dans toute la France.... Le 18 brumaire vint fermer ces cavernes ténébreuses, elles ne se rouvriront plus. » Et, dans la crainte que,

_____

(1) Locré, t. XXX, p. 311.

derrière le voile de toute association religieuse, littéraire ou autre la plus anodine dans sa forme, il ne se
cache un club politique capable de mauvais desseins,
le code pénal interdit toutes les sociétés, toutes les
corporations, en un mot, toutes les associations, quelles
qu'elles fussent, retirant à chacune d'elles le droit de
se former sans l'autorisation du gouvernement. Le
texte de l'article 291 a donc une portée des plus générales, il introduit en France une nouvelle infraction,
il crée le délit d'association. Antérieurement à la promulgation du code pénal, on punissait telle ou telle
société, car son but était illicite ou les agissements de
ses membres néfastes et scandaleux : maintenant on
punira les individus parce qu'ils ont commis la prétendue faute de s'associer et qu'en agissant ainsi, ils
ont couru les risques de commettre le mal.

Mais ce que réprimait l'article 291 (2) c'était l'as-

(2) Art. 291. — Nulle association de plus de vingt personnes
dont le but sera de se réunir tous les jours où à certains jours
marqués pour s'occuper d'objets religieux, littéraires, politiques
ou autres, ne pourra se former qu'avec l'agrément du gouvernement et sous les conditions qu'il plaira à l'autorité publique
d'imposer à la société.

Dans le nombre des personnes indiquées par le présent article, ne sont pas comprises celles domiciliées dans la maison où
l'association se réunit.

Art. 292. — Toute association de la nature ci-dessus exprimée
qui sera formée sans autorisation ou qui, après l'avoir obtenue,
aura enfreint les conditions à elle imposées, sera dissoute : les
chefs, directeurs ou administrateurs de l'association seront en
outre punis d'une amende de 16 à 200 francs.

Art. 293. — Si, par discours, exhortations, invocations ou prières
en quelque langue que ce soit, ou par lecture, affiche, publication ou distribution d'écrits quelconques, il a été fait dans ces
assemblées quelques provocations à des crimes ou à des délits,

sociation de plus de vingt personnes, se réunissant tous les jours ou à certains jours marqués; et les pénalités très faibles n'étaient encourues que par les chefs, directeurs ou administrateurs de l'association. Depuis le 8 avril 1830 les délits punis par les articles 291-294 furent de la compétence du jury, c'est dire qu'on considérait l'association de plus de vingt personnes, sans l'autorisation du gouvernement, comme ayant un caractère politique.

Tous ces articles du Code pénal sévères dans leur répression mais dérisoires dans leur pénalité n'atteignaient pas le but que se proposaient leurs auteurs. Sous l'Empire, il est vrai, ils furent lettre morte, car il n'y eut pas une seule association qui ait osé lever la tête devant le maître absolu qui détenait les rênes du gouvernement et auquel il suffisait d'un mot, d'un geste même, pour abattre tout ce qui était à ses yeux une entrave et une gêne.

la peine sera de 100 à 300 francs d'amende et de 3 mois à 2 ans d'emprisonnement contre les chefs, directeurs et administrateurs de ces associations, sans préjudice des peines plus fortes qui seraient portées par la loi contre les individus, personnellement coupables de la provocation, lesquels en aucun cas, ne pourront être punis d'une peine moindre que celle infligée aux chefs, directeurs ou administrateurs de l'association.

Art. 294. — Tout individu qui, sans la permission de l'autorité municipale, aura accordé ou converti l'usage de sa maison ou de son appartement en tout ou en partie, pour la réunion des membres d'une association même autorisée ou, pour l'exercice d'un culte, sera puni d'une amende de 16 à 200 francs.

II

Avec la Restauration, et comme nous le verrons plus loin, les sociétés de tous genres, politiques ou religieuses, publiques ou secrètes (ces dernières surtout) fomentèrent dans leur sein des complots contre le pouvoir royal et elles ne redoutaient pas plus la dissolution que l'amende de seize francs qui pouvait leur être infligée ; étant toujours certaines de pouvoir renaître sous une autre forme, ne serait-ce qu'en se fractionnant par groupe de moins de vingt personnes, et de trouver parmi leurs membres quelqu'un dont la bourse était toujours ouverte pour solder les amendes.

Charles X renversé, Louis-Philippe devint le roi des Français. Le changement de gouvernement n'avait pas empêché les adversaires de la monarchie constitutionnelle de l'attaquer de toutes parts. Peu importait qu'ils fussent partisans de la royauté déchue ou républicains sincères, qu'ils agissent au nom du principe de l'hérédité monarchique ou au nom du principe de la souveraineté nationale. Les complots les plus hardis tramés contre le roi, étaient d'ailleurs ourdis par des associations, par des sociétés secrètes. Alors fut présentée par les ministres de Louis-Philippe, cette loi du 10-11 avril 1834. La discussion restée fameuse donna lieu pendant dix jours aux plus vifs débats devant la Chambre des députés et elle fut votée à la majorité considérable de 256 voix contre 154.

La Chambre des pairs ratifia ce vote à une majorité

encore plus imposante. Les orateurs les plus illustres
prirent une part active à ces débats passionnés. Les
uns comme MM. Barthe, Thiers, Guizot, de Broglie,
tous alors ministres soutinrent le projet de loi; les
autres comme Berryer, Portalis, Garnier-Pagès l'atta-
quèrent avec violence.

L'économie de la loi nouvelle peut se résumer en
ces quelques mots. C'était une aggravation des articles
291 et suivants du Code pénal (1) en ce sens que l'association était punie même si elle se fractionnait en

(1) 10-11 avril 1834. *Loi sur les associations.*
Art. 1er. — Les dispositions de l'article 291 du Code pénal sont
applicables aux associations de plus de 20 personnes, alors même
que ces associations seraient partagées en sections d'un nombre
moindre et qu'elles ne se réuniraient pas tous les jours ou à des
jours marqués. L'autorisation donnée par le gouvernement est
toujours révocable.
Art. 2. — Quiconque fait partie d'une association non autorisée sera puni de 2 mois à 1 an d'emprisonnement et de 50 fr. à
100 fr. d'amende.
En cas de récidive, les peines pourront êtres portées au double.
Le condamné pourra dans ce dernier cas, être placé sous la
surveillance de la haute police pendant un temps qui n'excédera
pas le double du maximum de la peine.
L'article 463 du Code pénal, pourra être appliquée dans tous
les cas.
Art. 3. — Seront considérés comme complices et punis comme
tels ceux qui auront prêté ou loué sciemment leur maison ou
appartement pour une ou plusieurs réunions d'une association
non autorisée.
Art. 4. — Les attentats contre la sûreté de l'État commis par
les associations ci-dessus mentionnées pourront être déférés à la
juridiction de la chambre des pairs conformément à l'article 28
de la charte constitutionnelle. Les délits politiques commis par
les dites associations seront déférés au jury conformément à l'article 69 de la charte constitutionnelle. Les infractions à la pré-

groupes de moins de 20 membres. Peu importait pour la répression que les membres se fussent réunis tous les jours ou à des jours marqués d'avance. Les pénalités étaient considérablement augmentées. La connaissance de ce délit d'association passait du jury dont les verdicts étaient jugés trop peu sévères, aux tribunaux correctionnels sur la fermeté desquels le gouvernement comptait. Ajoutez à cela que les membres de l'association illicite étaient punis aussi bien que leurs chefs et que toute récidive, emportant condamnation du double de la peine primitive, pouvait entraîner la surveillance de la haute police. Ici encore, c'était la crainte des sociétés populaires qui avait dicté la loi, c'étaient les clubs, les sociétés secrètes qui étaient la cause de l'interdiction qui retombait sur toutes les autres associations. Les objections les plus graves, les quolibets les plus durs furent adressés à cette loi qui fut plus attaquée à l'état de projet qu'elle ne l'a été depuis son adoption. Les javelots alors dirigés contre elle étaient bien aiguisés et capables d'en empêcher le vote; tandis que depuis son apparition, cette loi n'est en but qu'à des récriminations timides, et tous ceux qui sont partisans de son abrogation, ne se présentent contre elle qu'avec des traits émoussés ou des épées rouillées. On peut résumer très brièvement les nombreux arguments qui furent invoqués par les adversaires du projet de la loi. C'était, disait-on, une loi anarchique, capable de trou-

sente loi et à l'article 291 du Code pénal seront déférés aux tribunaux correctionels.

Art. 5. — Les dipositions du Code pénal auxquelles il n'est pas dérogé par la présente loi continueront de recevoir leur exécution.

bler l'ordre public et de porter atteinte aux droits naturels et imprescriptibles de l'homme et du citoyen ; une
loi inconstitutionnelle, violatrice de la charte, laquelle
consacrait, la liberté individuelle — une loi d'exception et de violence en arrachant les citoyens à leurs juges
naturels, en permettant l'inquisition politique et en
détruisant l'opposition constitutionnelle — une loi im-
puissante enfin, en frappant les sociétés innocentes et
en forçant les sociétés secrètes à se multiplier et à devenir, si c'est possible, plus secrètes encore. M. Garnier-
Pagès fit d'ailleurs entendre à la tribune les protesta-
tions les plus indignées annonçant qu'il braverait la loi
et qu'il irait au besoin au devant des poursuites : « Si
un Français homme de bien, veut se réunir pour propager, affermir, garantir le christianisme, je suis son
homme malgré vos ministres et vos lois. Si un Français homme de bien, veut se réunir, pour étendre les
secours de la bienfaisance à la classe pauvre et labo-
rieuse, aux malades, aux infirmes, aux ouvriers sans
travail, je suis son homme malgré vos ministres et
votre loi. Si un Français, homme de bien, veut une
plus puissante diffusion des vérités acquises, des saines doctrines, de ces lumières qui préparent la moralité de l'avenir et le bonheur de l'humanité, je suis
son homme malgré vos ministres et votre loi. Si un
Français homme de bien, veut donner au pays la sauvegarde de l'indépendance électorale et s'opposer à ces
choix honteux qui livrent la vénalité politique à la
corruption ministérielle, je suis son homme malgré
vos ministres et votre loi..... Je désobéirai à votre loi,
pour obéir à ma conscience » (1).

(1) *Moniteur Universel.* Mars 1834.

Si la loi fut votée à une très grande majorité ce ne fut
pas que les objections adressées contre elles furent sans
valeur et sans portée, mais les ministres de Louis-
Philippe surent agiter avec adresse, devant des partisans dévoués, le spectre si inquiétant des clubs, des
sociétés républicaines prêtes à employer la violence
pour renverser la monarchie constitutionnelle. Ils
surent montrer ces associations, vouées à la destruction des institutions et des lois « applaudissant au
désordre après l'avoir provoqué, s'efforçant d'irri-
ter et d'armer tous les mécontentements, tous les
égarements, toutes les misères; dissuadant du travail
ceux que le travail seul peut nourrir, insultant la garde
nationale, prêchant l'indiscipline à l'armée, et cher-
chant à dominer par la terreur jusqu'à la justice elle-
même. »

Les coups que les deux Chambres de Louis-Philippe dirigèrent par leurs votes, contre la société des
droits de l'homme en particulier, dépassèrent leur but
et les contre-coups furent si sensibles qu'ils achevèrent
de faire tomber la liberté d'association déjà si fortement
compromise et presque étouffée dans les articles 291 et
suivants du Code pénal.

Les amendements les plus variés apportant des
adoucissements au projet du gouvernement avaient
d'ailleurs tous été rejetés et c'est à peine si M. Bé-
renger fut écouté par ses collègues. Il proposait
de ne détruire que les associations politiques dangereuses et de favoriser toutes les autres associations
donnant la vie au corps social. Pour cela, il voulait
remplacer le système de l'autorisation préalable par
celui de la simple déclaration. M. le duc de Broglie,

alors ministre des affaires étrangères, qui combattait l'amendement eut le triomphe facile devant cette Chambre qui se laissait uniquement guider par la crainte et le parti pris, plutôt que par les saines idées de justice et d'égalité.

Nous verrons plus tard si les associations factieuses auxquelles on venait ainsi de déclarer la guerre, se laissèrent facilement abattre et si la loi du 10 avril 1834 ne fut pas plutôt nuisible aux associations innocentes de citoyens toujours prêts à s'appuyer les uns sur les autres pour marcher dans la voie de la charité et du progrès.

III

Étudions maintenant et disséquons pour ainsi dire les articles 291 et suivants du Code pénal tels qu'ils furent modifiés par la loi du 10 avril 1834.

Tous les commentateurs de cette loi s'entendent pour reconnaître que quatre éléments sont nécessaires, essentiels à la constitution du délit d'association.

Il faut en premier lieu qu'il y ait association, que cette association soit composée de plus de vingt personnes, qu'elle soit comprise par son caractère dans les termes de l'article 291 et qu'elle n'ait pas enfin l'autorisation d'exister, accordée par le gouvernement.

Il suit de là qu'une association quel que soit son but, quel que soit le nombre de ses membres, pourra naître et se développer au grand jour si elle a reçu du gouvernement la consécration officielle de son existence :

et qu'à défaut d'autorisation il lui sera également permis de vivre pour quelque motif que ce soit, si le nombre de ses membres n'est pas supérieur à 20.

Premier élément. — Et d'abord, il faut qu'il y ait association.

A quels signes distinctifs la reconnaîtra-t-on ?

Il s'agit là d'un fait dont la qualification est laissée à l'entière appréciation du juge. Il sera maître souverain, à défaut de définition légale, de déterminer si les faits incriminés constituent ou non le délit d'association.

Ce qui importe avant tout de constater, c'est s'il y a cette communauté du but, cette organisation, cette permanence dans l'action, ce lien régulier et durable entre les associés qui sont les caractères essentiels par lesquels l'association se distingue de la simple réunion : cette dernière ne supposant qu'une entente accidentelle et temporaire.

Tous les auteurs qui ont pris part à la discussion de la loi de 1834 se sont attachés à bien faire ressortir les différences essentielles qui séparent l'association de la réunion, tous ont eu à cœur de faire exactement préciser par le gouvernement les limites qui séparent ces deux droits.

Toute association d'ailleurs quelle qu'elle soit, suppose une réunion, et le club lui-même n'est qu'une association qui se manifeste par des réunions publiques. « Nous faisons, disait le garde de sceaux, une loi contre les associations et non contre les réunions accidentelles et temporaires qui auraient lieu pour l'exercice d'un droit constitutionnel. Tous les membres des Chambres prirent acte de cette déclaration, considé-

rant qu'elle formait comme le « commentaire officiel
et inséparable de la loi. »

« La loi, disait Roederer, à la Chambre des pairs, le
9 avril, n'autorise pas plus à inquiéter qu'à interdire
les réunions soit fortuites, soit habituelles, elle ne
regarde que les associations.... L'objet immédiat de la
loi est de frapper les associations existantes, les associations patentes, organisées, armées pour la guerre
qu'elles ont déclarée au gouvernement de l'État. La
portée politique de la loi ne va pas plus loin que les
associations formant un état dans l'État et qui, comme
disait M. Mathieu Molé, placent un corps vivant dans
le cœur de la nation. »

La jurisprudence a dû faire d'ailleurs à maintes
reprises cette distinction et tous les arrêts se sont ren-
contrés pour reconnaître l'association à cette permanence de l'action, à cette identité du but parmi les
associés (1).

Ainsi dans un arrêt du 14 février 1835 (2) la cour
de Paris a décidé qu'il n'y avait pas association « dans
le fait de buveurs se réunissant soit habituellement,
soit accidentellement dans un cabaret pour y boire et
chanter, s'il n'existait pas entre eux d'engagements
réciproques formés dans un but déterminé. »

Il a été jugé également qu'il fallait pour que le fait
d'association peut être incriminé comme illicite, un
lien résultant d'un concert préalable et d'un mutuel
engagement réunissant les sociétaires entre eux et les
rattachant non seulement à celui qui les dirige, mais

---

(1) S. 38.1.314. — 82.1.288.
(2) Dalloz, *Rép. Associations illicites* n° 22.

les uns aux autres. La cour de Montpellier a décidé que cet élément essentiel de l'association illicite ne se rencontrait pas dans le cas d'un patronage ne réunissant que des enfants dont l'âge est exclusif de toute entente et de tout engagement réciproque pour une action commune et collective en vue d'une œuvre déterminée (1).

D'ailleurs comme nous l'avons dit précédemment, les droits d'association et de réunion ont été confondus dans les mêmes dispositions par les législateurs de la Révolution et c'est seulement du jour ou fut promulgué le code pénal que le dualisme de législation apparaît, l'article 291 étant complètement muet sur le droit de réunion : et il faut aller jusqu'au second Empire pour voir le décret-loi du 25 mars 1852 assimiler purement et simplement ces deux droits (2).

Qui dit association énonce un fait qui se distingue également de la société. Cette dernière expression a été réservée à l'union entre personnes qui ont pour but la réalisation de certains bénéfices, en d'autres termes : à l'association de capitaux. Y a-t-il intérêt de lucre sans qu'aucun caractère public y soit directement engagé, nous sommes en présence d'une société. Le but que se proposent les divers individus unis ensemble est-il désintéressé? Il y a association. Les sociétés, qu'elles soient civiles ou commerciales sont libres, elles ne tombent pas sous le coup de l'article 291 du Code pénal,

(1) D. 93.2.302.
(2) Cette assimilation dura jusqu'en 1868. Une loi du 6 juin vint compromettre singulièrement la liberté de réunion, liberté dont le véritable principe n'a été posé que dans la loi du 30 juin 1881 qui nous régit encore actuellement.

elles ont leur législation spéciale, leur durée d'ailleurs est limitée aussi bien par le pacte social que par la durée des opérations qu'elles se proposent d'accomplir.

Enfin nous le verrons plus loin, quand il s'agit d'interpréter les articles 291 et suivants du Code pénal, associations et congrégations religieuses ne sont pas synonymes : ces dernières étant, à notre sens, en dehors des répressions du Code pénal et soumisess à une législation particulière.

Deuxième élément. — La deuxième condition de l'incrimination est que l'association soit composée de plus de vingt personnes. Pourquoi ce chiffre de vingt? Le nombre plus ou moins grand des associés sera-t-il donc une cause de la plus ou moins grande perversité de leurs intentions ? Est-ce que quinze individus entreprenants et très résolus, unis entre euxpar de solides engagements ne sont pas capables de causer plus de mal dans un pays que la plupart des associations déclarées illicites, dont les membres sont légion et qui ne sollicitent l'autorisation gouvernementale que pour agir dans un but généreux et pacifique. Une agrégation de dix révolutionnaires militants est-elle donc moins à craindre qu'une académie littéraire de quarante personnes, ou une société de bienfaisance comprenant parmi ses membres tous les individus d'une même région?

Dans la discussion du projet du Code pénal devant le conseil d'Etat, M. Molé avait insisté sur cette particularité et faisait observer que le danger dépendait moins du nombre des personnes que du caractère des individus et de leur puissance morale. Ce à quoi M. Berlier répondait qu'étendre la prohibition au-des-

sous de vingt personnes, ce serait constituer les citoyens
dans une tutelle un peu trop sévère ; car, disait-il, l'action de se réunir pour parler d'objets religieux, littéraires et politiques, est de droit naturel, et si l'ordre
public peut y apporter quelques restrictions, elles doivent être renfermées dans de sages limites. »

Nous ne partagerons pas cette manière de voir et
nous estimerons que le but que se proposent les associés doit être la seule chose à envisager, peu importe
le nombre, cinquante individus pouvant être nécessaires
pour faire œuvre utile alors que deux ou trois seulement pourront suffire pour conduire un pays à la
ruine.

Comme nous disions plus haut, sous l'Empire du
Code pénal de 1810, certaines associations recrutant
dans leurs rangs un grand nombre d'adhérents, avaient
trouvé moyen d'éluder facilement la loi. Elles se frac-
tionnaient par groupes composés chacun de moins de
vingt personnes, ces divers groupes étant d'ailleurs
unis entre eux par les liens d'affiliation la plus intime
et formant par leur réunion un nombre supérieur à
celui que la loi tolère. Telle société, comme celle des
droits de l'homme, jugée très dangereuse après les journées de juillet 1830, très puissante et très bien constituée, avait su se mettre ainsi à l'abri de toute pénalité.
Aussi l'article premier de la loi de 1834 est-il venu
déjouer la combinaison, mettre la fraude à nu et punir
l'association de plus de vingt membres, bien qu'elle soit
partagée en plusieurs sections formées d'un nombre
moindre d'individus, mais unis entre eux par des liens
communs ; tous, en effet, fonctionnent sous une direction unique et se réunissent régulièrement pour se

concerter en vue d'un même résultat par des moyens communs. A quel signe distinctif pourra-t-on reconnaître ces fractionnements d'une même association en plusieurs groupes ? Telle est la question que posait à la séance du 13 mars 1834 M. Merilhou, quand il disait à la chambre des députés : « Comment prouver que plusieurs personnes réunies forment une section d'une association qu'on n'a pas encore saisie, dont on n'a pu encore prouver l'existence et qui, par conséquent, est censée ne pas exister ? Comment prouver l'affiliation d'une section à une autre ? Comment prouver qu'une société connue sous un nom est une partie d'une société connue sous un autre ? Comment établir le nombre de personnes nécessaires pour composer une fraction d'association ? » Il ressort de la discussion que le juge se trouvant ici en présence d'une question de fait, sera libre de la résoudre en puisant les renseignements tant dans sa conscience que dans les circonstances « embiantes », dans les manières d'agir de ces groupements d'associations. C'est étendre outre mesure le pouvoir arbitraire du juge. On trouve d'ailleurs dans les recueils de jurisprudence de nombreux arrêts de la Cour de cassation desquels il ressort que le simple fait pour un individu d'avoir correspondu avec les membres d'une association ou d'avoir assisté aux séances de cette dernière, ne suffit pas pour caractériser une affiliation et qu'il faut encore pour cela la coopération au même but donnée à un groupe d'associés, concours intelligent et libre (1).

« Ne sont pas toujours compris dans ce nombre,

(1) D. 65. 1. 91. — D. 75. 2. 229.

ajoute l'article 291, les personnes domiciliées dans la maison où l'association se réunit. »

Toute disposition contraire eut été véritablement surprenante et injuste. Comment, en effet, eut-on pu considérer comme membres de l'association, les personnes de la famille, les nombreux domestiques dont le chef, le maître, réunit dans son domicile quelques amis, quelques coassociés, alors que le plus souvent tous ces individus sont étrangers pour ne pas dire hostiles à ces diverses entreprises, alors que les membres de l'association apportent un soin jaloux à dissimuler leur projet et leur but.

Ce que la loi a voulu établir, c'est qu'on ne sera pas considéré comme membre de la société, comme affilié, par cela seul qu'on habitera la même demeure que celle qui forme pour ainsi dire le siège social. L'article 291 n'a nullement posé de présomption *juris et de jure* à l'égard de ces personnes. Il eut été sans cela trop facile de tourner la difficulté et il eut suffi à 25, 30, 40 individus unissant leurs efforts dans un but commun, d'habiter le même logis pour échapper aux rigueurs de la loi. C'est dire que les congrégations religieuses, en supposant que l'article 291 leur fut applicable, ne pourraient pas user de ce moyen détourné pour légitimer leur situation et pour se mettre à l'abi des décrets de dissolution.

Troisième élément. — L'association de plus de vingt personnes, avons nous dit, constitue un fait illicite quel que soit le but qu'elle poursuit, quel que soit l'objet qu'elle ait en vue. Ceci ressort très nettement des discussions du Code pénal et de la loi de 1834 et surtout des termes mêmes dont s'est servi le législateur. Lors des débats relatifs à l'article 240 du projet devenu l'article 291 du Code pénal, le prince archichancelier de l'empire trouvait que le projet allait trop loin quand il appliquait aux réunions littéraires et à toutes les autres les précautions jugées nécessaires contre les sociétés politiques ou religieuses. « La loi, disait-il, ne doit pas gêner ainsi sans motif les goûts et les habitudes des citoyens » (1). Ce a quoi M. Berlier répondit « qu'il était d'avis qu'on exceptât les discussions littéraires : si l'article en parle c'est parce qu'on a craint que des réunions religieuses ou politiques n'eussent lieu sous le nom de sociétés littéraires ; mais avec tant de méfiance, il n'y aurait jamais d'entrave qu'on ne put légitimer : et le Conseil d'Etat arrête que les effets de l'article seraient bornés aux réunions religieuses ou politiques. » Pourquoi, malgré ces paroles du rapporteur, la prohibition contre les sociétés autres que celles ayant un objet religieux ou politique a-t-elle trouvé place dans le Code pénal ?

Lorsqu'en 1834, la même défense contre les associations revint devant la Chambre des députés, les arguments les plus nombreux furent invoqués pour faire attribuer la liberté complète à toutes les associations autres que les clubs et sociétés populaires qui étaient principalement visés. Certains amendements furent proposés tendant tous à empêcher que la loi en discussion ne vint porter atteinte à certaines libertés acquises, ne lésât les droits les plus sacrés du citoyen. Tous furent repoussés par la majorité de cette chambre qui refusa alors la liberté d'association aux ou-

(1) Locré, t. XXX, p. 48.

vriers comme aux étudiants, qui interdit les sociétés de
secours mutuels et les sociétés de bienfaisance comme
les associations littéraires et scientifiques. Et quel était
donc la cause du rejet de tous ces amendements?
M. Guizot l'explique en ces termes à la séance du
22 mars : « Il est évident pour tout homme de sens
qu'aucune de ces associations si elle est en effet purement
scientifique ne manquera jamais d'obtenir l'autorisation
quand elle le demandera, et quant à celles qui ne croi-
raient pas devoir le demander, ou bien on le leur donnera d'office, ou bien on les laissera se livrer à leurs
travaux sans les inquiéter nullement. La question se
réduit donc à savoir pour les sociétés littéraires comme
pour les autres, s'il faut les excepter nominativement
de l'article 1er de la loi. Or la Chambre a répondu à
cette question : elle a vu par tous les amendements qui
lui ont été proposés, qu'il n'y avait rien de si facile que
d'établir sous le manteau d'une société littéraire, les
sociétés politiques que l'on veut détruire. C'est là l'unique motif de la généralité de l'article; il ne s'adresse
évidemment point aux associations littéraires ou scientifiques : mais il ne veut pas que les noms servent de
masque pour éluder la loi et pour redonner aux associations politiques une existence que la Chambre veut
atteindre. »

Les termes de la loi ne sont pas moins prohibitifs.
Bien plus, les paroles prononcées tant en 1810 par
M. Berlier, qu'en 1834 par M. Guizot, tous deux au
nom du gouvernement, semblèrent devoir faire croire
que certaines sociétés seraient exceptées de la prohibition; mais il n'en fut rien et « les termes de l'article
261 sont tellement généraux, disent MM. Chauveau et

8

F. Hélie que toutes les associations quelle que soit leur destination, quels que soient leur but et leur nom, viennent à peu près s'y confondre. »

Devant la généralité de ces termes, la jurisprudence n'a pas cru devoir tenir compte des travaux préparatoires et elle a fait une application des plus strictes de ce principe, que toute association quelle qu'elle soit, composée de plus de vingt membres ne peut pas subsister sans autorisation.

Il serait trop long d'énumérer la série des arrêts et jugements rendus dans ce sens : il nous suffira d'en citer quelques-uns pour montrer jusqu'à quel rigorisme les cours et tribunaux sont descendus dans l'application de la loi. Quand on relit tous les monuments de la jurisprudence relatifs au droit d'association, on est étonné de l'extention considérable qui a été apportée non pas tant aux textes du Code pénal, qu'à l'intention qui les a dictés, et dont le seul but était de détruire les associations politiques. C'est ainsi que l'on est allé jusqu'à interdire les sociétés de bienfaisance fondées en vue de soulager le sort des classes pauvres et de l'améliorer au point de vue physique et moral toujours avec cette arrière pensée, avec cette crainte, que sous leur couvert ne se cachent des idées dangereuses et subversives, ne se dissimulent des intentions coupables à l'égard du gouvernement. C'est ainsi que la Cour d'Orléans a pu dans un arrêt du 3o mars 1886 ordonner la dissolution comme formant une association illicite d'une société musicale non autorisée. Et en cela, la Cour n'a fait qu'une application stricte de la loi « qu'il n'appartient, dit-elle, qu'au législateur de modifier. »

En France, donc, à l'heure actuelle, par suite des dispositions du Code pénal, et abstraction faite des rares lois spéciales qui sont venues modifier sur certains points l'article 291, lois qui feront l'objet d'une étude ultérieure, il nous est impossible de nous associer sous quelque prétexte que ce soit « religieux, littéraire, politique ou autre, » le dernier mot « ou autre » renfermant toutes les hypothèses que le législateur n'a pas pu ou pas voulu prévoir (1).

Il est un point de vue toutefois qui demande quelques explications. Il est important de savoir quelle est au juste l'interdiction qui frappe les associations religieuses. Sans nous occuper ici d'un débat que nous essayons d'exposer plus loin, débat relatif à la concordance pouvant exister entre les Chartes de 1814 et de 1830 et l'article 291 du Code pénal, nous pouvons nous poser la question telle qu'elle se présente à nous, et telle qu'elle est discutée depuis un siècle.

La loi interdit les associations ayant un objet religieux. Il est hors de doute pour nous, qu'en statuant ainsi, le législateur n'a pas eu en vue les congrégations religieuses qui sont soumises à une législation spéciale. Il s'agit d'associations formées entre simples citoyens, qu'ils soient ecclésiastiques ou laïcs, associations qui ont pour objet et pour prétexte les principes religieux, sortes de confréries dont les membres n'ont en vue que d'assurer le triomphe de leurs idées. On peut citer comme exemples les associations s'occupant d'étudier les controverses religieuses, celles qui sont instituées pour assurer par tous les moyens légaux l'observation

(1) D. 1865, 1.94; 1884, 1.260.

du dimanche, pour développer et organiser des pèleri-
nages dans certains lieux de dévotion, pour tenter le
rétablissement des processions là où elles ont été interdites. On peut leur assimiler également les associations
d'hommes ayant pour objet l'exercice d'un culte déterminé, culte non reconnu le plus souvent, l'État ayant
de tout temps admis au profit des citoyens, la reconnaissance de certains cultes qu'il a, suivant les circonstances, entourés de ses faveurs ou pousuivis de ses
vexations. Lors de la discussion de la loi de 1834, certains amendements avaient été proposés pour permettre la libre formation des sociétés ayant pour objet
l'exercice d'un culte, la célébration de ses cérémonies.
Ces amendements furent repoussés, non pas qu'on eut
voulu par là viser la liberté des cultes consacrée par
toutes les Chartes et constitutions, mais le Garde des
sceaux craignait que sous le couvert de ces institutions,
n'en sortissent bientôt d'autres qui seraient de véritables clubs politiques et mettraient en péril les institutions de l'État et le gouvernement lui-même. Il s'exprimait ainsi à la séance du 21 mars : « une grande
distinction doit être faite; s'agit-il des réunions qui
ont seulement pour but le culte à rendre à la divinité
et l'exercice de ce culte, la loi n'est pas applicable,
nous le déclarons de la manière la plus formelle; mais
s'agit-il d'associations qui auraient pour objet et pour
prétexte les principes religieux, la loi leur est applicable et il serait à craindre que l'amendement ne fut
que l'abrogation implicite du principe qui existe à cet
égard. Il est inutile s'il a pour objet de rassurer les
libertés qui ne sont pas compromises; il est dangereux
s'il peut donner aux associations la faculté de se for-

mer en disant seulement qu'elles ont un but religieux ».

En résumé, en dehors des congrégations religieuses soumises à des lois particulières, et des réunions pour l'exercice du culte, réunions toujours tolérées et permises par les gouvernements qui se sont succédé en France, toute association ayant un principe religieux et poursuivant un but également religieux est illicite, lorsqu'elle est composée de plus de 20 membres.

Quatrième élément. — Si toutes ces associations quelle qu'elles soient sont formellement prohibées, il leur est loisible toutefois de se faire donner l'investiture, elles n'ont qu'à solliciter près de l'autorité compétente, l'autorisation de naître et de se développer.

Quelle sera ici l'autorité compétente? La loi a toujours été muette sur ce sujet. Les auteurs et la jurisprudence ont toujours admis que l'autorité administrative était seule compétente pour conférer cette autorisation, c'est-à-dire les préfets et les sous-préfets dans les départements, le préfet de police à Paris. Il est bien entendu d'ailleurs que cette autorisation donnée peut être conditionnelle : elle est toujours révocable, et une fois dissoute, l'association qui continue à subsister est punissable et passible des peines édictées par le Code pénal.

L'autorisation donnée doit être dans tous les cas expresse et c'est le cas ici, faisant à l'association, application de l'article 2232 du Code civil, de dire qu'il n'y a jamais en cette matière de prescription possible et que les actes de pure faculté et de simple tolérance ne peuvent jamais légitimer l'existence de l'association qui en aurait été l'objet. La cour de Limoges a jugé avec raison que le fait par une association non auto-

risée d'avoir tenu plusieurs réunions est constitutif du
délit prévu par l'article 291 du Code pénal, alors
même que des réunions antérieures auraient été tolérées (1).

Mais il ne faut pas croire que par suite de cette autorisation administrative ainsi conférée, l'association qui en
a obtenu la faveur va pouvoir vivre à sa guise et atteindre par tous les moyens possibles le but qu'elle se propose. Non, loin de là. L'autorisation qu'elle vient de
recevoir, ne lui donne que le droit à la vie mais ne lui
concède nullement les moyens de vivre ; il faudra encore
qu'elle sollicite bien des autorisations pour pouvoir
atteindre son complet développement. Après l'autorité
administrative, vient l'autorité municipale. Après le
préfet, vient le maire, après l'article 291, l'article 294.

L'association voit donc encore suspendue au-dessus
de sa tête une nouvelle épée de Damoclès et après
avoir encouru tous les risques de l'arbitraire gouvernemental, elle devra se plier à toutes les exigences d'un
maire dont le pouvoir complètement discrétionnaire
sera difficilement censuré par l'autorité supérieure.
« En permettant à une association de se former,
dit M. Batbie (1), le préfet du département ou le ministre ont déclaré simplement que la formation de cette
société ne leur paraissait offrir aucun danger au point
de vue de la sécurité générale. Mais qui sera juge de la
question de savoir si la réunion ne présente pas des
inconvénients pour la tranquillité de la commune?
L'autorité municipale. C'est ainsi qu'une pièce de

(1) D. 74.2.89.
(2) *Droit public et administratif*, t. II, p. 270.

théâtre approuvée peut cependant être interdite dans
une commune, à un moment donné, si 'sa représentation était de nature à entraîner accidentellement
quelque péril. » Ce pouvoir exhorbitant du maire serait
donc légitimé par le droit de surveillance qu'il est en
demeure d'exercer sur tous les rassemblements de la
commune, mais c'est le cas de répéter ici que des
mesures répressives auraient été suffisantes en cas d'atteinte au bon ordre et à la tranquillité publique, qu'établir un système préventif, c'est placer l'association
sous le régime du bon plaisir et de l'arbitraire. Il se
trouve donc, qu'avant de pouvoir se former, les associations ont deux portes à franchir, portes dont l'issue
est quelquefois impraticable et au seuil desquelles la
plupart trouvent la mort avant même d'avoir pu venir
au monde.

Le Code pénal exigeait une dernière condition pour
que l'association fut déclarée illicite. Il fallait qu'elle se
réunit tous les jours ou à des jours marqués. Il y avait
donc là un moyen facile pour certaines sociétés de
tourner la loi, c'était de tenir des séances espacées
entre elle par un certain nombre de jours et ne tombant
pas à des périodes fixes.

La loi de 1834 vint remédier à ces inconvénients.
Elle punit le fait de s'associer quel que soit le nombre
des réunions, bien mieux, même en dehors de toute
réunion. Et alors le fait d'association devient un fait
immatériel : « on peut être associé, disait Portalis, à la
séance du 11 mars 1834, et ne se réunir jamais, on peut
être en communauté de sentiments religieux et politiques
et ne correspondre que par écrit. On peut fournir les fonds
d'un journal, souscrire pour un acte de pitié, encou-

rager un ouvrage utile, s'associer enfin dans un même but et ne s'être jamais vus. » Et il ajoutait : « Voilà ce qui n'a jamais été prohibé par les lois de Napoléon, voilà ce qui peut n'être poursuivi qu'à l'aide d'une effrayante inquisition. »

Ces exigences et ces rigueurs n'ont rien qui doive nous surprendre. Du jour ou on avait battu en brèche le droit à l'association, la marche en avant vers les prohibitions et vers la sévérité devait toujours s'accentuer et on en juge encore mieux en comparant les articles 292 et suivants du Code pénal avec la loi du 10 avril 1834 sous le rapport des peines applicables à ceux qui commettent le délit d'association.

IV

Nous connaissons maintenant les éléments constitutifs de l'association illicite. Nous avons étudié le corps du délit, demandons nous quelle va être la peine. Remarquons tout d'abord que toute association constituée pourra encourir des pénalités non seulement pour s'être formée sans autorisation, mais encore quelquefois comme poursuivant un but illicite ou jugé tel.

Depuis 1810 donc, c'est une infraction spéciale pour vingt et une personnes de s'associer sans autorisation. Aussi la loi ne leur ménage pas ses rigueurs et la première arme qui soit employée contre elles, c'est la dissolution administrative. L'autorité préfectorale sera encore ici seule juge de la question, et en cette occasion comme en cas d'autorisation à donner, son bon plaisir lui servira de critérium pour dissoudre ou tolérer à sa guise, les associations qui la gênent ou qu'elle agrée. Le plus souvent cette mesure arbitraire du gouvernement ne sera que le point de départ de toute une série de peines applicables aux membres associés. Le Code pénal ne punissait que les chefs, directeurs ou administrateurs de l'association, estimant qu'en sévissant contre la tête, il réprimait le corps tout entier, et il leur appliquait une peine très minime, simple amende variant entre 16 et 200 francs.

Le législateur de 1834 a jugé que la légèreté de la peine engendrait une trop grande facilité à commettre le délit d'association et il estima que le châtiment n'était nullement en rapport avec la faute. Aussi y apporta-t-il une aggravation, qui consiste non seulement à augmenter considérablement le taux de la peine, mais encore à multiplier le nombre des coupables. De telle sorte qu'on est tombé maintenant dans un excès contraire et que la peine applicable est en disproportion manifeste avec le délit commis surtout quand on remarque que ce délit sort du droit commun et qu'il n'est le plus souvent que l'exercice d'une liberté nécessaire (1).

Aujourd'hui tous les membres de l'association quels qu'ils soient et non plus seulement les directeurs sont déclarés coupables. On leur inflige une amende qui varie entre 50 et 1,000 fr. et un emprisonnement qui

---

(1) Nous avons vu que le législateur de 1830, le considérait comme un délit politique, en en attribuant la connaissance au jury. C'est une nouvelle preuve du mobile qui a conduit le législateur de 1816, et dont la seule intention était de détruire avant tout les associations politiques.

va de deux mois à un an. Mais là ne s'arrêtent pas les sévérités de la loi et on est véritablement surpris de voir l'article 2 punir le récidiviste d'une peine portée au double, et autoriser le magistrat à le soumettre dans ce cas à l'interdiction de séjour pendant un temps qui n'excédera pas le double du maximum de la peine (1). Cette dernière mesure exceptionnelle a soulevé bien des critiques. Le Gouvernement de Louis-Philippe était encore allé plus loin en déclarant la mise sous la surveillance de la haute police obligatoire dans tous les cas. Ce n'est que par voie d'amendement que cette mesure véritablement odieuse fut supprimée et qu'on permit au juge de ne prononcer cette peine accessoire que lorsque sa conscience lui en ferait un devoir. Malgré cela, on peut accuser le législateur de se montrer ici véritablement trop rigoureux : il faut surtout considérer que le temps pendant lequel le coupable pourra être ainsi soumis à l'interdiction de séjour sera équivalent au double du maximum de la peine, non pas de celle prononcée par le tribunal, mais du maximum appliqué par la loi : il n'y aura d'atténuation possible que si le bénéfice de l'article 463 du Code de procédure vient tempérer l'effet de l'article 292. Le rapporteur de la loi à la chambre des députés M. Martin, jugeait que la loi serait inefficace sans cette mesure, il disait : « Quel intérêt peut donc inspirer, quelle excuse peut donc invoquer celui qui connaissant la prohibition de la loi, averti par une première condamnation, s'expose à encourir une seconde fois toutes les sévérités de

---

(1) Depuis la loi du 25 mai 1885 la surveillance de la haute police a été remplacée par l'interdiction de résidence.

la loi ? Cette obstination le constitue en état de rébel-
lion ouverte ; sa présence peut inspirer de légitimes
inquiétudes et l'autorité doit avoir le droit de l'éloigner du lieu où il a bravé la volonté de la loi et les
arrêts de la justice. Le juge reconnaît les circonstances
atténuantes : s'il abaisse les peines, comment supposer
qu'il prononcera la surveillance ? Et si cette dernière
peine est prononcée, n'est-il pas évident qu'elle n'aura
qu'une très courte durée. C'est une faculté que la loi
doit réserver aux tribunaux. Les magistrats examine-
ront la nature de l'association : si ce sont des associations littéraires, ils n'appliqueront pas certainement la
peine de la surveillance ; mais si ces associations sont
dangereuses, si ces individus déjà condamnés s'obsti-
nent à violer la loi, ils useront de la faculté qui leur est
confiée. »

Outre les cas ci-dessus spécifiés, la loi punit encore
les infractions commises au sein de l'association et en
particulier la provocation à des crimes ou à des délits.
L'article 293 du Code pénal n'a pas été modifié sur ce
point par la loi de 1834 et il ne se trouve plus en harmonie avec elle. « Ainsi disent MM. Chauveau et Faus-
tin-Elie (1), l'article laisse encore subsister la distinction
des chefs et des simples membres de l'association,
distinction que l'article 2 de la loi a voulu effacer ;
aussi ces chefs et directeurs dans l'espèce qui les
suppose plus coupables, ne sont pas passibles de la
surveillance, tandis que la loi de 1834 permet d'infliger
cette peine pour le seul fait d'avoir été membre d'une
association non autorisée. Néanmoins ces anomalies ne

(1) *Op. cit.*, p. 381.

sont point assez graves pour mettre en question l'existence de l'article 293. »

De même que le défaut d'autorisation administrative
fait encourir à ceux qui s'en sont passé les peines prononcées par l'article 292, de même le défaut d'autorisation municipale emporte avec lui une sanction, et
l'article 294 est allé jusqu'à punir le propriétaire qui
inconsciemment ou non aura sans autorisation consenti
l'usage de sa maison pour la réunion des membres d'une
association même autorisée. L'article 3 de la loi de 1834
a fait une heureuse distinction en ne considérant comme
complice que celui qui *sciemment* aurait prêté son local
aux membres d'une association non autorisée, mais
pour ce cas encore, il augmente la peine, tout en laissant les autres cas, régis par le Code de 1810.

L'un des points qui a également soulevé à la Chambre
des députés de 1834 les plus vives réclamations, c'est
sans contredit celui qui se rapporte à la compétence des
tribunaux, quant au délit d'association. Avant cette loi
et depuis le 8 octobre 1830, le fait de s'associer était
considéré comme un délit politique, et par suite le jury
était seul compétent pour apprécier la culpabilité des
accusés.

Les ministres de Louis-Philippe considérèrent que
cette attribution faite au jury était une erreur qu'il
importait au plus tôt de rectifier. En cela peut-être
avaient-ils raison, car l'association, abstraction faite
de sa nature et de son but, est un fait en lui-même in-
différent auquel la politique est complètement étran-
gère : malgré l'élévation de la peine, elle ne constituait
pas un délit moral, mais une simple désobéissance à la
loi, une simple contravention. Aussi, malgré la résis-

tance du parti de l'opposition qui ne voyait là qu'un prétexte pour substituer au jury dont on se défiait, une juridiction différente plus énergique et plus docile, l'article 4 vint substituer à la juridiction de la cour d'assises, celle des tribunaux correctionnels (1).

Il est toutefois bien entendu que pour toutes les infractions de droit commun ou autres commises par les associations, la juridiction saisie sera la même que si elles étaient imputables à un particulier.

Au cas seulement où les associés se sont rendus responsables d'attentats contre la sûreté de l'État, le Sénat sera déclaré compétent (2).

V

Prohibition absolue de toutes les associations composées de plus de vingt personnes, pénalités très sévères contre les délinquants, tel est en deux mots, le

(1) Depuis le décret du 25 février 1852, les délits politiques eux-mêmes sont de la connaissance des tribunaux correctionnels, et ce n'est que le 15 septembre 1871 que le législateur a restitué au jury sa compétence en matière de délits de presse.

(2) Mais là ne s'arrêtent pas les mesures vexatoires prises par le législateur contre la liberté d'association, il a été établi contre elle tout un réseau de prohibitions et de pénalités sans nombre.

L'association une fois autorisée et par l'autorité administrative et par l'autorité municipale, a bien, il est vrai, le droit d'exister, mais elle ne possède pas encore les moyens de vivre. Pour cela, il lui faut une nouvelle autorisation. Veut-elle avoir un patrimoine, veut-elle posséder, contracter, agir en justice, veut-elle en un mot, avoir une personnalité distincte, constituer une personne morale, il lui faut une reconnaissance d'utilité publique, il lui faut un décret

résumé de la législation relative au droit de s'associer.

Tous les privilèges sont abolis. Aucun groupe d'individus ne peut se dire plus favorisé qu'un autre. Il y a à ce point de vue égalité complète, mais égalité devant l'arbitraire. Toutes les catégories de citoyens sont traitées de la même façon. Les auteurs sont unanimes à blâmer la sévérité des articles 291 et suivants du Code pénal, et beaucoup s'entendent pour en contester la légitimité. Le principe de cette loi, c'est l'individualisme. Elle fait de l'égoïsme le propre des gouvernements. Elle oublie qu'à côté des associations dangereuses, il peut y en avoir d'autres dont le but est très louable et dont la seule ambition est de conduire le pays dans la voie du progrès. Elle oublie que les hommes sont créés par Dieu pour s'entr'aider mutuellement; elle institue un délit, là où on devrait proclamer la liberté. Elle punit une action qui n'a rien de mal en elle-même, une action que la morale ne réprouve pas, et elle entrave par là même le commerce, l'industrie, la science, la morale, la religion elle-même. Tout est livré à un arbitraire sans règle, ni mesure.

Lorsqu'en 1834, on vota la loi, beaucoup de ses par-

rendu au Conseil d'État. Sans ce décret, sans cet acte de reconnaissance, il lui est impossible d'avoir des droits, elle est incapable de passer un seul acte valable et l'association personne morale est toujours en tutelle. Il est certains actes, telles que les acquisitions à titre gratuit qu'il lui est impossible d'accomplir, sans avoir de l'État une autorisation spéciale pour chacun d'eux. Ce n'est même pas assez que le droit pénal et le droit civil déploient toutes leurs sévérités contre les associations, le droit fiscal lui-même ne les épargne pas et il leur crée une situation spéciale en les grevant des impôts les plus lourds, pour ne pas dire quelquefois les plus injustes.

tisans déclarèrent alors que c'était une loi de circonstance, faite surtout pour détruire la *Société des droits de l'homme,* mais que le temps viendrait où les articles 291 et suivants disparaîtraient à jamais du Code pénal. M. Guizot, alors ministre, s'est fait le porte-parole de ces prophètes, mais nous ne voyons pas que depuis 60 ans sa prédiction se soit réalisée. Il s'exprimait alors ainsi (1) : « J'ai dit que l'article 291 ne figurerait pas éternellement dans les lois d'un peuple libre, pourquoi ne le dirais-je pas aujourd'hui? Il viendra, je l'espère un jour, où la France pourra voir l'abolition de cet article comme un nouveau développement de la liberté. Mais jusque-là, il est de la prudence des Chambres et de tous les grands pouvoirs publics de maintenir cet article; il faut même le modifier selon les besoins du temps, pour qu'il soit efficace contre les associations dangereuses d'aujourd'hui. »

Où peut-on trouver une meilleure sentence de condamnation contre l'article 291 que dans la bouche du ministre de Louis-Philippe? Il est inutile de chercher ailleurs une preuve que nous sommes là en présence d'une loi de circonstance, loi attentatoire au droit commun, pour ne pas dire au droit naturel lui-même.

Cette loi que l'on peut considérer comme une loi d'exception, loi qui fut motivée en 1834 par les excès des clubs politiques, est une constatation nouvelle de ce fait que c'est la licence qui a compromis la cause des associations et ajourné l'avènement si tardif de la liberté.

Une telle loi de circonstance pouvait-elle être effi-

(1) Séance du 12 mars.

cace? Loin de là. Les faits, nous le verrons prochainement, confirment sur ce point notre manière de voir.
En voulant frapper les associations politiques capables
de bouleverser les rouages de l'État, elle a enlevé toute
la vitalité aux diverses associations utiles qui eussent
pu donner au gouvernement une impulsion nouvelle.
Et les sociétés alors jugées dangereuses, se sont ca-
chées dans l'ombre, elles ont comploté dans des antres
secrètes et leur action est devenue plus néfaste que si
on les eut laissées s'établir au grand jour.

Heureusement « comme toutes les lois qui prétendent
restreindre une liberté essentielle, la loi française sur
les associations est restée dans bien des cas lettre-
morte. Mais elle est toujours à l'occasion un des instruments de vexation les plus perfectionnés qui existe,
et l'apparente inertie de l'administration a eu plus d'une
fois des réveils inattendus. Dans l'ensemble, la législation apporte au développement des associations des
entraves qui ne les empêchent pas complètement, mais
qui en compriment et en arrêtent les progrès (1). »

L'étude que nous allons faire du droit d'association
sous les divers régimes qui se sont succédé en France
depuis la Révolution va nous démontrer la véracité de
ces paroles et nous prouver que la tolérance et l'arbitraire ont toujours été les deux adversaires les plus
implacables de la liberté.

(1) Dareste, *op. cit.*, p. 822.

CHAPITRE V

    I. — Y a-t-il incompatibilité entre les articles des constitutions proclamant la liberté des cultes et les textes du Code pénal relatifs aux asso-ciations (religieuses)?

    II. — Attitude de Louis XVIII, de Charles X et de Louis-Philippe vis-à-vis des diverses asso-ciations quel que soit leur objet.

    III. — Et plus spécialement vis-à-vis des Congréga-tions religieuses.

Le Code pénal était voté, Napoléon y avait fait insérer toutes les clauses que lui dictaient son despo-tisme et son amour de la domination. Il avait étouffé la liberté. Le droit à l'association n'échappa pas aux prohibitions du législateur. Nous avons étudié l'ar-ticle 291 ; il nous reste à voir maintenant quelle appli-cation il reçut par la suite et quelle fut son efficacité.

Sous l'Empire, alors que tout tremblait sous le spectre de fer de Napoléon, cet article n'eut pas grand raison d'être, car, ses dispositions ne furent pas sou-vent transgressées, tout au moins ouvertement. C'est à peine si quelques sociétés secrètes firent parfois parler d'elles. Quant aux congrégations religieuses, nous savons quelle fut l'attitude de l'Empereur à leur égard.

Il nous faut arriver jusqu'à la Restauration pour trouver en quelque sorte l'usage que l'on fit de l'article 291, et pour apprécier le rare emploi auquel il servit.

I

La Charte du 4 juin 1814, tout en garantissant aux citoyens l'exercice de certaines libertés, laissait subsister sur tous les points les restrictions apportées par le Code pénal au droit de s'associer. L'article 5 était ainsi conçu : « Chacun professe sa religion avec une entière liberté et obtient pour son culte la même protection. » La déclaration de Saint-Ouen du 2 mars 1814 avait également promis que la liberté des cultes serait garantie. Devant ces promesses successives, promesses qui seront rééditées par la Charte de 1830 et par l'article 7 de la Constitution de 1848, n'est-on pas en droit de se demander s'il n'y a pas opposition entre les articles 291 et suivants et les principes posés par ces constitutions? Est-il vrai, que par suite de ces dispositions, ces articles aient été abrogés ? La question n'offre d'intérêt d'ailleurs qu'au sujet des associations religieuses, et nous nous garderons bien de parler des congrégations religieuses qui sont soumises à une législation toute spéciale, comme nous essaierons de le démontrer dans le chapitre suivant.

Que faut-il donc penser des allégations de ceux qui soutiennent que les articles du Code pénal sont incompatibles avec tous autres textes proclamant la liberté des cultes? Doit-on conclure de là à leur abrogation?

Il est un point qu'il faut tout d'abord exclure du débat. Certaines associations religieuses formées pour l'exercice d'un culte restent toujours permises malgré l'existence de l'article 291, ce sont celles dont le nombre des membres ne dépasse pas le chiffre de vingt; c'étaient, avant 1834, toutes celles qui, quoique composées de plus de vingt personnes, ne se réunissaient pas à des intervalles fixes. Il ne faut pas chercher non plus la solution de la question qui nous est soumise, dans l'attitude passagère du gouvernement à l'égard des associations religieuses, car, la tolérance plus ou moins grande dont le pouvoir a parfois usé, ne peut nullement tenir lieu d'autorisation, et il n'y a ici aucune prescription possible. Tous ces points de vue mis à part, comment allons-nous concilier les Constitutions et le Code pénal?

Doit-on dire, qu'en proclamant la liberté des cultes, les Chartes n'entendent concéder aux citoyens que la liberté de conscience, c'est-à-dire la liberté de penser et de croire qui est de l'essence de la nature humaine, et que personne n'a jamais osé leur contester? Mais, cette liberté est inscrite dans le cœur de tout homme avant de l'être dans les lois; c'est un trésor que les tyrans les plus cruels n'ont jamais pu ravir à leurs sujets, et ce n'est certainement point elle que les Chartes envisageaient quand elles parlaient de la liberté des cultes.

La liberté des cultes, c'est le droit pour ceux qui ont

un symbole commun et une même foi de se réunir
ensemble, de s'associer pour échanger leurs pensées,
se communiquer leurs sentiments. Le culte isolé, soli-
taire, dans le for intérieur, ne répond pas aux besoins
de la nature humaine, ni aux devoirs que Dieu lui
impose. « La liberté de croire sans la liberté de prier
est un leurre » a dit M. Jules Simon. Il faut que les
adeptes d'une même religion puissent se grouper, se
réunir entre eux et accomplir en commun les cérémonies religieuses ; il faut qu'ils puissent en tous lieux
par des signes extérieurs, manifester leur foi et leurs
croyances ; il faut enfin qu'ils puissent s'associer pour
poursuivre ensemble le but idéal qu'ils se proposent.
Or, comment peuvent-ils atteindre ce but si les articles 291 et 294 subsistent dans nos lois, l'un défendant
à plus de vingt personnes de former une association,
l'autre interdisant à tout propriétaire de concéder
l'usage de sa maison pour l'exercice d'un culte ?

La jurisprudence a tenté de concilier la loi avec
ces constitutions ; tous ses arrêts (1), sauf deux, ont
toujours proclamé que l'article 291 n'était nullement
en contradiction avec les Chartes. Elle invoque, à l'appui de sa thèse, un grand nombre d'arguments. Elle
laisse de côté la liberté de réunion et reconnaît, avec le
législateur de 1834, que la loi n'a jamais voulu interdire aux adeptes d'un même culte de se réunir en commun, jusqu'au jour ou un décret de 1852 est venu
confondre dans une même prohibition et les associations et les réunions.

(1) Sirey, 1830, 1. 311. — 1838, 1. 314. — 1843, 1. 633. — 1854,
1. 248.

La Cour de cassation fit au début une distinction entre les cultes autorisés par l'État et les cultes non autorisés (1), prétendant que l'article 291 n'était applicable qu'à ces derniers. Puis, en 1838, un revirement eut lieu et depuis cette année sa jurisprudence n'a jamais varié.

La cour soutient que la liberté des cultes ne peut jamais être absolue, qu'elle doit nécessairement être soumise à certaines restrictions, à certaines limites, et que ce sont ces limites que l'article 291 a pour effet de fixer. Ou bien encore, elle soutient que les Chartes reconnaissent au profit de tous les citoyens, non pas tant la liberté d'exercer à leur guise, par tous les moyens possibles, le culte qu'ils professent, mais le droit de choisir le culte qui leur convient le mieux. En un mot, elle pose le principe d'égalité absolue entre tous les cultes et toutes les croyances, plutôt que la garantie d'une liberté absolue dans le mode d'exercice de toute espèce de culte.

Ainsi, à côté du principe de la liberté des cultes, il y aurait le principe de la sûreté de l'État; à côté des lois protégeant les manifestations religieuses des citoyens, il y aurait les lois, l'article 291, organisant des mesures de surveillance et de police pour empêcher à ces mêmes citoyens de s'adonner, sous le voile de la religion, à des pratiques contraires à l'ordre public et aux bonnes mœurs.

Avec la jurisprudence, ce sont les ministres de Louis-Philippe qui viennent combattre, en 1834, un amendement ainsi conçu : « Toutes les associations (ou

(1) Sirey, 1830, 1. 301. — 1837, 2. 139.

réunions) qui auront exclusivement pour objet la célébration d'un culte religieux, sont dispensées de la demande d'autorisation. » Rejeter cet amendement, c'était dire que les articles 291 et suivants subsisteront à côté des articles de la Charte. M. Barthe, garde des sceaux, et M. Dupin, furent les défenseurs les plus acharnés de cette doctrine : « La loi actuelle, disait le premier, sera applicable à la liberté des cultes, car il est très possible que dans ces associations, au lieu de s'occuper de choses purement spirituelles, on ne s'occupe que de choses temporelles... s'il s'agit d'associations qui auraient pour objet ou pour prétexte les principes religieux, la loi leur est applicable et il serait à craindre que l'amendement ne fut l'abrogation implicite d'un principe qui existe à cet égard. » De son côté, M. Dupin soutenait le même principe « car, disait-il, c'est toujours sous le manteau de la religion qu'on a fait les brèches les plus sensibles à la liberté des personnes et quelquefois à la liberté politique des Etats. »

De 1843 à 1845, la question fut encore soulevée à la tribune. MM. de Gasparin, d'Haussonville et de Montalembert employèrent toute leur éloquence à démontrer l'incompatibilité flagrante de l'article 291 et des Chartes, mais toujours le gouvernement sut trouver dans les Chambres une majorité qui lui donna gain de cause.

A l'argumentation de la jurisprudence, il faut répondre que la liberté (1) et l'autorisation préalable sont

_____

(1) Par liberté, nous entendons ici le droit de faire tout ce qui ne nuit pas à autrui (art. 4, *Déclaration des droits de l'homme.*)

deux choses qu'il est impossible d'accoupler ensemble, deux choses incompatibles. Celui qui a besoin de la permission pour faire une chose, n'est pas libre de la faire et il n'était nullement besoin que la Charte vint prêcher la liberté des cultes, si l'article 291 doit en empêcher le développement. « La liberté seule, disait M. le procureur général Dupin (1), n'est pas la liberté. Il n'y a de liberté, en effet, que celle qui est suffisamment garantie et dont on jouit réellement. La liberté est l'action. Cette liberté est descendue de la philosophie dans les lois, il est temps qu'elle passe des lois dans les arrêts. »

Ce n'est pas à dire pour cela que la liberté doive toujours s'exercer sans limite et que la liberté religieuse ne doive pas être réprimée quand elle peut être une cause de trouble pour l'ordre public, ou attentatoire aux bonnes mœurs. Mais pourquoi appliquer des mesures de surveillance et de police préventives? La répression ne suffirait-elle donc pas et les tribunaux ne sont-ils pas là pour réprimer les écarts de ceux qui, sous le voile de la religion, violeraient les lois de l'Etat et comploteraient contre lui?

Si nous admettons qu'il y ait incompatibilité complète entre les Chartes et les articles du Code pénal, nous ne pouvons pas aller pourtant jusqu'à soutenir que ces articles aient été abrogés tant en 1814 qu'en 1830. Et pourquoi? Les constitutions n'ont-elles pas toujours été des déclarations pompeuses, aux formules sonores, remplies de promesses mensongères et d'articles utopistes? Ont-elles jamais été considérées

---

(1) Réquisitoire qui a précédé l'arrêt du 18 septembre 1830.

comme formant le droit commun de tous les Français ? Non, loin delà. A côté d'elles, il y a toujours eu les
lois spéciales, les seules applicables et les seules dont il
faille s'inquiéter. Il est de l'essence de ces lois de subsister en présence des déclarations de principes généraux ; elles ne disparaissent que devant une abrogation
explicite, ou devant un système spécial qui s'oppose
invinciblement à leur exemption. Ces lois ont été vo-
tées de propos délibéré, elles n'ont pas été, comme les
constitutions, élaborées à la hâte dans un moment
de triomphe, où l'homme ne se possède quelquefois
plus.

Aussi, est-ce le cas de répéter cet adage connu :
Speciei per genus non derogatur « Une loi spéciale, dit
M. Gide (1), ne saurait être abrogée par un principe
énoncé dans nos constitutions. Si les déclarations de
nos constitutions pouvaient abroger les lois, ce ne sont
pas seulement les articles 291 et 294 du Code pénal,
mais c'est une bonne partie de notre législation dont il
audrait tenir compte. Quelle est celle de nos constitutions qui ne proclame expressément et la liberté de
toutes les opinions et l'égalité de tous les hommes. »

Et puis, à dire vrai, les souverains qui proclamaient
successivement la liberté des cultes, avaient-ils la ferme
intention de donner par là toute liberté aux associations religieuses ? nous ne le croyons pas. C'est
Louis XVIII, le roi ultra-catholique, intransigeant
sous son esprit libéral, et qui eut craint, en abrogeant
l'article 291, que sous le dehors des associations religieuses, les adeptes des cultes dissidents, ne tramas-

1) Thèse, p. 179.

sent contre lui des complots de toutes sortes. C'est
Louis-Philippe, le monarque voltairien, ennemi de la
religion catholique, et qui eut peut-être cru, en rétablissant la liberté d'association religieuse, préjudicier
aux principes qu'il entendait suivre et favoriser un culte
qu'il abhorrait.

En résumé, on peut dire qu'il y a désaccord manifeste entre les Chartes et les articles du Code pénal, et,
tant qu'une loi ne viendra pas terminer ce différend, il
sera toujours vrai de s'écrier, avec M. de Broglie
(en 1843), que « si la liberté des cultes existe en promesse dans les Chartes, elle n'existe pas en réalité. »

II

Nous avons étudié les textes du Code pénal, nous
connaissons l'interprétation que l'on tenta de donner
aux articles des Chartes et constitutions ; examinons
maintenant comment, en fait, furent traitées les diverses associations pendant la période qui s'écoula de
la Restauration à la Révolution de 1848.

Le rétablissement de la monarchie devait nécessairement susciter bien des mécontentements et, depuis
la chute de Napoléon, bien des opinions s'étaient fait
jour, bien des sociétés alors secrètes, commençaient
à afficher ouvertement leurs revendications. Les étudiants eux-mêmes prenaient parti dans un sens ou dans
l'autre, et ils organisèrent parfois quelques mouvements insurrectionnels. Un tumulte, qu'ils tentèrent
de soulever relativement au vote de la loi du 27 juin

1820, sur les élections, donna au roi l'occasion de faire paraître une ordonnance, en date du 5 juillet, relative aux facultés de droit et de médecine. L'article 20 de cette ordonnance portait : « Il est défendu aux étudiants, soit d'une même faculté, soit de diverses facultés de même ordre, soit de diverses facultés de différents ordres, de former entre eux aucune association, sans en avoir obtenu la permission des autorités locales et en avoir donné connaissance au recteur de l'Académie... Il leur est pareillement défendu d'agir ou d'écrire en nom collectif, comme s'ils formaient une corporation ou association légalement reconnue. » Il était prononcé contre ceux qui *contreviendraient* à ces dispositions, des punitions variant entre la privation de deux inscriptions et l'exclusion de toute Académie durant deux ans. Cette disposition spéciale est la preuve certaine que les articles 291 et suivants du Code pénal, encore en vigueur toutefois, étaient des armes dont on n'osait pas se servir; pour punir des étudiants coupables d'insubordination, on dut délaisser les pénalités du législateur de 1810, et appliquer aux rebelles des châtiments créés spécialement pour eux.

Mais, il n'en fut pas toujours ainsi et parfois le gouvernement de Louis XVIII dut extraire de l'arsenal des lois impériales, cet article 291, pour en faire une application rigoureuse et légitime. Devant les agissements des royalistes exaltés, membres de « la chambre introuvable », et suspendant toutes les libertés octroyées par la Charte, en particulier la liberté d'écrire, une société se fonda sous le nom de « Société des amis de la Presse » composée des esprits les plus libéraux de la Restauration. Elle voulait réagir contre ce nouveau

courant d'idées et assurer au renouvellement partiel de
la chambre de 1819, le triomphe des libéraux. Elle
réussit à faire gagner des sièges à ses partisans et sus-
cita dès lors les colères du roi. Deux de ses membres
furent poursuivis comme directeurs d'une association
illicite et encoururent, de ce chef, devant le tribunal
correctionnel, une amende de 200 francs.

Nous nous trouvons ici en présence d'une des rares
circonstances, ou le roi Louis XVIII fit servir à ses
rancunes les dispositions du Code pénal sur les associations illicites. Il ne faut pas croire pourtant que les occasions de sévir aient manqué. Elles furent nombreuses,
et, qui plus est, le roi et les ministres étaient parfaite-
ment renseignés sur le nombre et la valeur des associations politiques alors existantes. Pourquoi, dès lors,
le gouvernement ne se servit-il pas des armes qu'il
avait entre les mains ? Les trouvait-il trop inoffensives ?
Ou bien, le roi, agissait-il ainsi, par calcul voulant se
montrer débonnaire et essayer de désarmer ses adversaires par la faiblesse et l'inertie, là, ou Napoléon eut
exercé sa force et sa violence ? N'est-ce pas plutôt que
ce roi, auquel on avait arraché sa signature pour l'ap-
poser au bas de la Charte constitutionnelle, Charte qui
consacrait la plupart des libertés inhérentes aux citoyens,
ne voulait pas se mettre en contradiction avec lui-même,
et fouler aux pieds le droit sacré à l'association que la
constitution méconnaissait ? Quoiqu'il en soit, cette
tolérance du gouvernement n'empêchait pas toutes les
sociétés publiques ou secrètes, religieuses ou politiques,
de se fonder et de tramer parfois contre l'état, des complots qui devaient tôt ou tard réussir (1).

(1) En 1816, plusieurs sociétés de royalistes fanatiques se for-

De son côté, Charles X se montra à l'égard des associations de toutes sortes, aussi tolérant, nous allions écrire aussi libéral que son frère. Il eut pourtant à combattre une association redoutable, sorte de comité électoral puissamment organisé, née en 1827 sous le ministère de Villèle et qui, après trois ans de lutte acharnée, allait remporter la victoire et assurer le triomphe de ses partisans. Nous voulons parler de la société « Aide toi, le ciel t'aidera ». Cette association pour mieux éviter les rigueurs de la loi, avait tourné ses prescriptions. Elle se constitua en fractions composées chacune de moins de vingt membres, et, si elle comprenait des groupes plus importants, elle leur prescrivait de ne pas se réunir à intervalles fixes. Voici quelques lignes extraites d'un de ses programmes : « Contesterait-on la légalité de ces moyens ? Nous les regardons, au contraire, comme l'usage le plus licite de nos droits constitutionnels. Un article du Code pénal défend les réunions périodiques de plus de vingt personnes : par cela même les réunions de moindre nombre sont autorisées. Par cela même des réunions à un plus grand nombre, mais non destinées à se renouveler à intervalle fixe, n'ont rien de contraire à la loi » (1).

La presse royaliste mena contre eux la plus violente des campagnes. Charles X fit la sourde oreille ; il ne voulut pas agir, et, après trois ans de luttes et de vic-

mèrent, l'une d'elles, constituée à Amiens compta le préfet Séguier parmi ses membres. On remarque également la société de la morale chrétienne, la société des sciences morales dont les principaux membres étaient les futurs ministres de Louis-Philippe.

(1) Lettre d'un électeur de Valence à un électeur de Lyon le 15 août 1827, citée par M. Weil (p. 60).

toires partielles, cette société remportait en juin 1830
un succès complet. 270 candidats libéraux étaient élus
députés, et parmi eux les 221 signataires de l'adresse
du roi, dans laquelle ils réclamaient l'intervention permanente du pays dans la délibération des intérêts
publics. Le roi avait perdu son prestige, les journées
de Juillet lui firent perdre sa couronne.

Nous ne pouvons terminer cette étude succincte du
droit à l'association sous la Restauration sans dire quelques mots de la « Congrégation », assemblée de laïcs
placés sous l'autorité religieuse. Née sous la République, et composée de fidèles se réunissant secrètement
pour célébrer les cérémonies du culte proscrit, elle se
forma en assemblée séculière et dès 1814 se mêla à la
politique. Elle se développa rapidement : les princes s'y
associèrent, et elle devint le vrai gouvernement, quand
un de ses affiliés, le comte d'Artois, monta sur le trône.
Elle multiplia son influence par la création d'une multitude de sociétés indépendantes, mais subissant et
répandant son esprit. Elle devint le bouc émissaire de
l'opposition, et un jour vint ou le ministre des affaires
ecclésiastiques, osa le confesser hautement à la tribune.
Elle vécut jusqu'à la Révolution de juillet et ce, sans
autorisation officielle. « La tolérance du gouvernement
à cet égard, dit M. Weil (1) lui tint lieu d'une autorisation, que celui-ci aurait eu le droit de lui conférer
expressément comme à toute espèce d'association ».

Louis-Philippe était à peine monté sur le trône, la
monarchie constitutionnelle à peine fondée, que de
toutes parts ses adversaires menaient campagne contre

(1) M. Weil, p. 97.

elle et que des sociétés occultes ou publiques s'étaient
formées dans le but de comploter contre le gouvernement. Alors l'article 291 fut entre les mains du roi et
de ses ministres un instrument qu'ils surent employer
pour tenter d'étouffer les hostilités qu'ils avaient soulevées. Et pourtant la France était alors gouvernée par
des hommes qui se disaient libéraux ! Ils usèrent des
armes forgées par le législateur de 1810, mais il sembla
que ce fut à regret, et M. Guizot qui, en 1834, prédira
comme nous l'avons vu, la courte existence des articles 291 et suivants, laissera tomber de ses lèvres, le
25 septembre 1830, ces paroles toutes en faveur de la
liberté d'association : « Je me hâte de le dire, et du
fond de ma pensée, cet article est mauvais; il ne doit
pas figurer longtemps dans la législation d'un peuple
libre. Sans doute, les citoyens ont le droit de se réunir
pour causer entre eux des affaires publiques. Il est bon
qu'ils le fassent et jamais je ne contesterai ce droit;
mais l'article 291 n'en est pas moins aujourd'hui l'état
légal de la France. L'intention du gouvernement,
n'est pas d'interdire des sociétés légitimes, quelque
nombreuses qu'elles soient. Ce n'est pas à la limite du
nombre que le pouvoir s'arrêtera; il ira au fait; et là,
où il trouvera un danger véritable, il appliquera l'article 291. »

Quoiqu'il en soit, les associations politiques décla-
raient au gouvernement une guerre si acharnée, que
ce dernier, non content de pouvoir se servir des articles du Code pénal, demanda leur aggravation et
l'obtint par la loi du 10 avril 1834. C'est d'abord la
Société des Amis du peuple dont un des directeurs, pré-
venu d'avoir fait partie d'une association illicite, s'é-

criait : « Messieurs, quand je tirais sur le Louvre, j'entendais tirer aussi sur les articles 291 et 293, et en tirant les Suisses, je croyais tirer aussi ces articles là. » Cette société, sorte de club populaire fondé dans le but de s'occuper de débats politiques, fut dissoute le 28 septembre 1830 et son président fut poursuivi le 28 octobre suivant devant le tribunal correctionnel. Ce furent ensuite les *Associations nationales* qui se propagèrent sur tout le territoire, véritables foyers d'agitation, centre d'opposition constante contre le gouvernement. Combattues à outrance par le ministère, qui prit contre certains de leurs affiliés, alors fonctionnaires, des arrêtés de révocation, ces sociétés disparurent tout naturellement.

L'association politique contre laquelle la monarchie de juillet eut le plus à lutter pendant toute sa durée, ce fut la *Société des droits de l'homme*. Son but était d'assurer le triomphe des principes de 1793. Cette société se ramifiait sur tous les points de la France. Ses agissements continuels étaient une véritable cause de trouble pour la monarchie constitutionnelle; elle fut la cause directe, immédiate, du vote de la loi de 1834. Ce sont ses violences qui forcèrent le gouvernement à déposer son projet de loi; c'est la licence dont elle fit preuve, qui tua la cause de la liberté.

Une fois en possession de la loi nouvelle, le gouvernement s'en servit pour frapper toutes les associations qui le gênaient. Mais, il est une justice à lui rendre, ses coups ne frappèrent pas trop au hasard, et, suivant la promesse qu'il avait faite devant les deux chambres, il n'usa de cette arme le plus souvent qu'avec modération; la plupart des poursuites qu'il exerça, sont marquées au coin d'une grande légitimité.

L'œuvre de Saint-Louis, association monarchiste, qui, sous le voile de la charité, était un centre d'hostilité contre la royauté de 1830, fut dissoute le 22 novembre 1845 par un arrèt de la Cour de Paris et ses chefs condamnés à l'amende. Trois membres de l'association et propagateurs du Carbonarisme furent condamnés à un an de prison et cinquante francs d'amende par un jugement de Toulouse, du 21 janvier 1836. Pourtant, parfois, le gouvernement s'oublia jusqu'à tracasser des sociétés de peu d'importance, inoffensives en soi, se réunissant chez le marchand de vins et faisant beaucoup plus de libations que de politique.

Les comités électoraux purent fonctionner à leur aise et jamais on n'entreprit contre eux la moindre campagne. Jamais personne n'osa les poursuivre comme formant des associations illicites. Le Gouvernement sut, à leur égard, se montrer libéral et libéral à l'excès; car ces comités se constituèrent parfois en permanence et visèrent le bouleversement de la Constitution.

Toutes les fois que leur but avoué était, non plus le choix à faire d'un candidat pour les élections, mais la réforme de la loi électorale, le pouvoir crut pourtant devoir agir, et c'est ainsi que fut rendu un arrèt de la Cour suprème du 4 septembre 1841. « Attendu, y lit-on, que l'arrèt attaqué a constaté que Blaise et Audry font partie d'une association non autorisée, de plus de vingt personnes, dont le but apparent, est de réclamer par voie de pétition, des modifications à la loi électorale, dont le but réel est d'agiter le pays et d'attaquer les institutions; que dans les grandes villes, cette association se forme de comités de quartiers...

Attendu que les dispositions de la loi sont générales et absolues; qu'elles proscrivent notamment toute association qui ferait des matières politiques, l'objet de ses réunions; que, si la pensée du législateur n'a pas été d'interdire les réunions temporaires et accidentelles, qui précèdent d'ordinaire l'exercice du droit d'élection, l'esprit et le texte de la loi condamnent une association qui, sous le prétexte de poursuivre par voie de pétition, la réforme électorale, placerait a côté du gouvernement établi et dans les divers degrés de la division territoriale, une organisation permanente qui pourrait servir de point d'appui aux fractions dans les temps de trouble; qu'il y aurait là pour la paix publique un danger réel que l'article 291 et la loi de 1834 ont eu principalement pour objet d'empêcher ou de prévenir... »

Le vote que le gouvernement de Louis-Philippe arracha aux deux chambres en 1834, l'usage, si légitime fut-il, qu'il put faire de la loi nouvelle, rien de tout cela n'empêcha les sociétés politiques de se développer et d'aboutir par des luttes successives à la révolution de 1848. Ceci est une preuve nouvelle que les idées ne se combattent pas par la violence et que les lois, si rigoureuses soient-elles, ne peuvent jamais réussir à battre en brèche des opinions, ni à les terrasser.

La lutte que la monarchie de juillet eut à entreprendre contre les sociétés politiques, ne l'empêcha pas d'agir contre les autres associations, en particulier les associations religieuses, et les nombreux jugements ou arrêts rendus sur cette matière, témoignent assez de l'intérêt que présentait alors la question (1).

III

Examinons maintenant brièvement quelle fut l'attitude des divers gouvernements de Louis XVIII, Charles X et de Louis-Philippe, à l'égard des congrégations religieuses.

La période de la Restauration qui comprend tout le règne de Louis XVIII leur fut plutôt favorable. Le 2 mars 1815, le roi rendit une ordonnance rapportant le décret du 26 septembre 1819 et rétablissant la congrégation des missions étrangères. Le 3 février suivant, il déclara cette ordonnance applicable aux missions de Saint-Lazare et du Saint-Esprit. Des secours annuels sont accordés le 2 avril, l'un de 4,000 francs aux Lazaristes, l'autre de 5,000 aux prêtres du Saint-Esprit. Le même jour, il autorise la compagnie des prêtres de Saint-Sulpice et dix-huit mois après (25 septembre 1816) les prêtres des missions de France. Enfin le 2 janvier 1817, une loi est promulguée relative aux dons et legs faits aux établissements ecclésiastiques reconnus par la loi. Pendant toute cette période, un vent de faveur, vent de réaction, souffla donc sur les congrégations religieuses. Le roi fit tout ce qui était en son pouvoir pour les répandre sur le territoire de la France; car, s'il savait apprécier le mé-

(1) Voir plus haut, l'étude de l'article 291 mis en opposition avec les Chartes.

rite et le dévouement de tous les religieux, peut-être avait-il également l'arrière-pensée d'en faire un instrument politique. Les couvents de femmes se multiplièrent d'autant plus que Napoléon leur avait parcimonieusement accordé les autorisations. Mais là, ne s'arrêtent pas les faveurs du roi; il obéit fidèlement aux enseignements du pape Pie VII, qui lançait en 1814 sa bulle : *Sollicitudo omnium ecclesiarum*, sur le rétablissement des Jésuites, et il laissa ces religieux s'établir en France où ils fondirent de célèbres établissements.

Alors que sous le règne de Charles X, l'article 291 devint lettre morte et que les associations politiques purent se développer toutes à leur aise, les congrégations religieuses ne jouirent pas des mêmes privilèges dont les avait jadis comblées le gouvernement de Louis XVIII. Non pas que le roi personnellement eut suivi à leur égard un système autre que celui de son frère, mais il était entouré de conseillers qui lui dictèrent la conduite à tenir. En 1825, c'est une loi du 2 juin qui est promulguée à l'occasion des congrégations religieuses de femmes. Elle vint décider que chacune de ces congrégations, née après le 1er janvier 1825, devrait être à l'avenir, après approbation de ses statuts, autorisée par le roi qui pourrait seul la révoquer.

En 1826, parut l'ouvrage du comte de Montlosier intitulé : « *Mémoire à consulter sur un système religieux et politique tendant à renverser la religion, la société, le trône.* » Dès ce jour, la puissante congré gation des Jésuites fut visée, et, ce ne sera bientôt plus contre elle que tracasseries sans nombre et violences quelquefois injustifiées. Une consultation fut rédigée sur l'initiative de M. Dupin et avec le concours de nombreux avocats; tous conclurent à la nécessité de l'autorisation, pour l'établissement d'une congrégation religieuse. Le 18 avril 1826, la cour de Paris saisie de l'affaire rendit un arrêt dans lequel elle reconnaissait l'illégalité de l'ordre des Jésuites, mais elle se déclarait incompétente pour les dissoudre, proclamant que ce droit n'appartient qu'à la haute police du royaume « considérant que les faits, tels qu'ils sont présentés, ne constituent ni crime, ni délit qualifié par les lois dont la poursuite appartienne à la cour » (1).

M. de Montlosier provoqua à la Chambre des pairs un rapport de Portalis dans lequel celui-ci s'étonnait « qu'un établissement, même utile, existât de fait, quand il ne pourrait avoir aucune existence de droit, et que loin d'être protégé par la puissance des lois, il le fut par leur impuissance. » Le 21 juin 1828, une pétition déposée à la Chambre des députés demanda l'expulsion des Jésuites. Enfin, le gouvernement voulut donner satisfaction à l'opinion publique, et, sans prendre contre les Jésuites de décret de dissolution, par une ordonnance du 16 juin 1828, il les excluait de l'enseignement.

Il nous reste à étudier maintenant quelle fut à l'égard des congrégations religieuses, l'attitude de Louis-Philippe et de ses ministres. Sous la monarchie de Juillet, les religieux furent plutôt en but aux tracasseries et aux persécutions. Le 25 décembre 1830, une ordonnance du roi « révoqua la société des prêtres de la Mission et les dons à elle faits. » En 1831, les trappistes de la Meil-

(1) D. 182.8 2.46.

leraye sont expulsés de leur couvent; le 23 novembre
1838, c'est le tour des capucins. Mais, il est un ordre
influent, ordre qui en 1826, attirait déjà les colères de
M. de Montlosier et qui était parvenu à peupler la
France de maisons d'éducation florissantes. L'attitude
des Jésuites leur valut le 2 mai 1845 les honneurs
d'une interpellation de M. Thiers au garde des sceaux.
Le débat se termina par un ordre du jour invitant le
gouvernement à l'exécution des lois de l'État, lois toujours en vigueur, ce sont « de celles, dit le garde des
sceaux, dont le gouvernement doit savoir s'armer au
besoin et dont il doit user avec prudence, sagesse et
circonspection. » C'est ce qu'il lit dans la circonstance,
et, c'est à peine si la congrégation des Jésuites, inquiétée
pour la forme, eut à souffrir des foudres oratoires de
M. Thiers.

CHAPITRE VI

LE DROIT A L'ASSOCIATION DEPUIS 1848 JUSQUES A NOS JOURS (1).

§ I. — Le droit à l'association sous la deuxième République.

§ II. — Le deuxième Empire et les associations et congrégations.

§ III. — La troisième République.

§ IV. — Étude des décrets de 1880. — Quelles sont les mesures législatives applicables aux congrégations religieuses?

I

Les sociétés politiques, tant redoutées par le gouvernement de Louis-Philippe et principalement visées par la loi de 1834, ne devaient pas tarder à faire sentir

(1) Nous n'avons pas la prétention d'établir une histoire complète du droit d'association dans notre pays depuis 1848; ce serait, en dehors des mesures législatives que nous nous ferons un devoir de citer, une nomenclature trop monotone d'un grand nombre d'arrêts se trouvant dans tous les recueils de jurisprudence et qui tendent tous à démontrer que nous sommes, en matière d'asso. ciation, sous un régime négatif de liberté.

leur influence; leurs agissements continuels allaient bientôt engendrer chez les Français un courant d'idées nouveau et, grâce à leur tenacité et à leur résistance, le triomphe devait couronner leurs efforts. Après dix-huit ans de luttes, leurs vœux vont enfin se réaliser et la République se substituer en France à la Monarchie. Le 24 février 1848, le Roi abdiquait le pouvoir et le peuple se trouvait maître de Paris. Alors s'ouvrit pour le droit à l'association une ère nouvelle, ère de liberté, dont la durée allait être très courte; elle devait se terminer par toute une série de lois embrassant dans leurs prohibitions le peu de liberté que le gouvernement provisoire avait cru devoir concéder. Le 19 avril 1848, était adressée au peuple une proclamation relative à la liberté des clubs. « Citoyens, y disait-on, la République vit de liberté et de discussion. Les clubs sont pour la République un besoin, pour les citoyens un droit..... Le gouvernement provisoire protège les clubs. » Les discussions armées y étaient seules interdites. « Si la liberté des clubs est une des inviolables conquêtes de la Révolution, des clubs qui délibèrent en armes, peuvent compromettre la liberté elle-même, exciter la lutte des passions, et en faire sortir la guerre civile. »

Aussi, ne tardèrent pas à s'afficher au grand jour, toutes ces sociétés politiques dont le nombre allait toujours croissant et dont quelques-unes, comme la *Société des droits de l'homme*, avait déjà derrière elle un passé de quelque 15 ans. Elles prirent partout une attitude provocante, s'abritant derrière une investiture quasi-officielle, et s'installant pour leurs réunions dans les édifices publics; les églises seules leur furent interdites.

Si les clubs surent triompher, ils ne surent pas tirer profit de leurs succès. Beaucoup trouvèrent trop restrictives encore les dispositions de la proclamation du 19 avril. Leurs réunions engendrèrent les plus grands abus, et les excitations qu'ils provoquèrent parmi la multitude, furent la cause immédiate de l'attentat du 15 mai.

La commission du Pouvoir exécutif ne ménagea pas à quelques-uns d'entre eux ses sévérités, et le 22 mai, deux des principaux clubs socialistes étaient dissous : la Société centrale républicaine ou club Blanqui, les Amis du peuple ou club Raspail. Les journées insurrectionnelles de la fin de juin appelèrent l'attention du gouvernement du général Cavaignac. Le 28 juillet-2 août 1848, paraissait un décret sur les clubs. Toutefois, ses dispositions regardaient moins les associations que les réunions publiques tumultueuses et armées. « La nouvelle République, disait le rapporteur, a été proclamée à l'ombre de la bannière levée au nom du droit de réunion et d'association. Appartiendrait-il aux fondateurs de cette République de nier l'autorité d'un principe inscrit en termes si éclatants sur son drapeau ? Tel n'est pas le sens du décret sur les clubs : il n'a d'autre objet que de prévenir, dans l'intérêt même du droit de réunion, les abus qu'on tenterait de faire de ce droit et de protéger au besoin la société contre les dangers d'une exagération dont les souvenirs sont récents. »

L'ouverture de tout club devait être précédée, dorénavant, d'une déclaration faite à l'autorité compétente (préfet de police à Paris, préfet et maires dans les villes ou communes) quarante-huit heures au moins avant cette ouverture (art. 1er). Toutes affiliations entre clubs, tous signes extérieurs d'association et toutes affiches, proclamations et pétitions collectives des clubs étaient formellement prohibées (art. 7). L'article 13 portait : « Les sociétés secrètes sont interdites », et il punissait de peines très sévères ceux qui, à l'avenir, essayeraient de les constituer ou d'en faire partie. »

L'article 14 mérite d'être cité en entier, car il a trait principalement aux associations en général. « Les citoyens peuvent fonder dans un but non politique des cercles ou réunions non publiques, en faisant préalablement connaître à l'autorité municipale le local et l'objet de la réunion, et les noms des fondateurs, administrateurs et directeurs. A défaut de déclaration ou en cas de fausse déclaration, la réunion sera fermée immédiatement et ses membres pourront être poursuivis comme ayant fait partie d'une société secrète. Les dispositions qui précèdent ne sont point applicables aux associations industrielles ou de bienfaisance. »

On n'osait pas encore interdire les clubs; les hommes alors au pouvoir se souvenaient trop qu'ils en étaient la plupart issus. Leur élévation aux premières fonctions électives du pays, n'était du reste que la résultante de l'action des sociétés politiques. Mais ils n'ignoraient pas que les excès de la liberté sont le plus souvent nuisibles à la liberté elle-même, et M. Coquerel, rapporteur du décret du 28 juillet, se faisait déjà le précurseur des représentants qui prohibèrent bientôt les clubs. Il disait : « Quand nous nous rappelons tout ce que l'influence et l'action des clubs vient de coûter à la France, la guerre civile dans son sein, le plus pur de son sang répandu à flots, ses généraux épargnés sur le sol étranger et tombant sur le sol de la Patrie, l'Assemblée nationale payant quatre fois le tribut de mort, la religion elle-même repoussée comme parlementaire et pleurant un de ses ministres qui trouve la mort, là où en son nom, il offrait la paix..... Citoyens représentants, alors nous nous prenons à croire que pour répondre au vrai sentiment du pays, la loi n'aurait dû avoir qu'un article et qu'un mot : Les clubs sont interdits. »

Une des dispositions les plus remarquables de ce décret fut celle qui porta le coup de mort aux sociétés secrètes. Nous aurons l'occasion de traiter plus spécialement ce sujet dans le chapitre suivant.

Comme tout gouvernement qui se respecte, l'Assemblée constituante devait au pays sa constitution républicaine; elle ne se fit pas attendre. Son projet provisoire était présenté le 19 juin et son texte définitif publié au *Moniteur officiel*, le 7 novembre 1848. L'article 8 de cette constitution était ainsi conçu : « Les citoyens ont le droit de s'associer, de s'assembler paisiblement et sans armes, de pétitionner, de manifester leurs pensées par la voie de la presse..... L'exercice de ces droits n'a pour limites que les droits ou la liberté d'autrui et la sécurité publique. »

C'était abroger implicitement en quelque sorte les articles 291-294 du Code pénal, c'était proclamer dans une certaine mesure la liberté d'association.

Ici, comme en bien d'autres circonstances, la liberté dégénéra en licence et les clubs devaient avoir à souffrir de la réaction qui suivit. Ils allaient tuer à nouveau par leurs excès la liberté d'association ; ils succombèrent, en apparence au moins, atteints les premiers par les mesures de prohibitions qu'ils provoquèrent.

L'Assemblée législative, après avoir été témoin de l'émeute qui eut lieu à Paris le 13 juin, résolut de frapper au cœur les clubs politiques. M. Dufaure, alors ministre de l'Intérieur, reprit un projet déposé le 26 janvier à l'Assemblée constituante, projet qui, soumis à une double délibération, n'avait jamais pu aboutir. Il fit voter le 19 juin, en une seule séance, une loi autorisant le gouvernement à suspendre pendant un an le libre exercice des clubs. L'article 1er était ainsi conçu : « Le gouvernement est autorisé pendant l'année qui suivra la promulgation de la loi, à interdire les clubs et autres réunions publiques qui seraient de nature à compromettre la sécurité publique. »

Cette suspension fut prorogée à deux reprises par les lois du 6 juin 1850 et du 21 juin 1851. Ce ne fut pas sans difficultés, et nombreux furent les représentants qui blâmèrent à la tribune les entraves excessives apportées à la liberté des associations politiques. Il est bon de remarquer que la liberté alors visée et contre laquelle étaient dirigés tous les coups, c'est la liberté de réunion, qui, elle aussi, succombera bientôt. Un nouveau décret la soumettra pendant quelque 16 ans au régime des articles 291-291 du Code pénal.

La loi du 16 juillet 1850 vint protéger les sociétés de secours mutuels, mais son article 13 autorisa le gouvernement à les dissoudre, au cas où elles oublieraient leur origine et méconnaîtraient leur but de bienfaisance. Nous verrons prochainement la situation faite aujourd'hui à ces sociétés.

La deuxième République ne porta pas seulement son attention sur les associations politiques ; elle eut à honneur d'encourager toutes les associations librement contractées, soit entre ouvriers, soit entre patrons et ouvriers. « L'association, disait le rapporteur, est le grand besoin de notre époque; c'est au nom de l'association qu'on a enlevé à l'État les chemins de fer, c'est au même titre que l'on combat le rachat de ces chemins. Pourquoi les simples travailleurs ne tenteraient-ils pas, eux aussi, de jouir des bénéfices de l'association? Si le principe est fécond, il ne le sera pas moins quand il s'agit de l'appliquer au travail, que lorsqu'il s'agit de l'appliquer à la spéculation..... Il faut que le travailleur soit le fils de ses œuvres et que, s'il possède un jour d'une manière ou d'une autre l'instrument de son travail, il le doive avant tout à ses propres efforts. »

Le 5 juillet 1848, un décret ouvrait un crédit de trois millions destinés à être répartis entre les diverses associations de travailleurs librement contractées. Le 15 juillet, le ministre était autorisé à leur concéder certains travaux publics et une loi du 15 novembre 1848, les exemptait de certains impôts, de certaines taxes.

Les congrégations religieuses ne furent pas de 1848 à 1852, l'objet de dispositions législatives spéciales, ni de vexations bien sérieuses. Le gouvernement était assez occupé à réagir contre les clubs; c'est l'histoire toujours vraie du droit à l'association dans notre pays. Son développement a toujours été entravé par l'épouvantail, sans cesse agité, des associations politiques ou des congrégations religieuses. Les gouvernements qui se sont disputé le pouvoir, se servirent des unes ou des autres pour effrayer le peuple et faire voter de nombreuses lois restrictives de la liberté.

II

La deuxième République avait établi une solution de continuité dans cette succession de lois prohibitives des sociétés politiques, lois qui ont leur point de départ à la fin de la Révolution et qui sont encore actuellement en vigueur. Le second Empire se montra moins favorable à la liberté et il comprit dans un même décret restrictif, pour ne pas dire prohibitif, les associations et les réunions (1).

Un décret du 25 mars 1852, « considérant que le droit d'association et de réunion doit être réglementé de manière à empêcher le retour des désordres qui se sont produits sous le régime d'une législation insuffisante pour les prévenir; qu'il est du devoir du gouvernement d'apprécier et de prendre les mesures nécessaires pour qu'il puisse exercer sur toutes les réunions publiques une surveillance qui est la sauvegarde de l'ordre et la sûreté de l'Etat », abrogea le décret du 28 juillet sur les clubs, à l'exception de l'article 13 qui interdit les sociétés secrètes, et déclara applicables aux réunions publiques les articles 291-294 du Code pénal et la loi du 10 avril 1834.

Nous voyons renaître ici la confusion que Napoléon Ier avait soigneusement évitée en distinguant net-

---

(1) Dès le 28 décembre 1851, Napoléon avait rendu un décret autorisant la transportation dans une colonie pénitentiaire, à Cayenne on en Algérie, des individus coupables d'avoir fait partie des sociétés secrètes.

tement les associations et les réunions, confusion qui
va durer quelques années, jusqu'au jour où la loi du
6 juin 1868, soumettra les réunions à un régime spécial, tout en laissant les réunions politiques sous l'empire des articles 291-294.

Jusque-là, plus de comités électoraux possibles, plus
de réunions publiques; toutes sont soumises à l'arbitraire administratif, et l'Empereur dut souvent fermer
les yeux et se montrer relativement facile pour accorder des demandes tendant à l'exercice de ce droit, surtout en matière électorale. Signer ce décret, c'était
supprimer du même coup une des rares libertés publiques subsistant encore; c'était, par horreur des clubs,
interdire désormais aux citoyens de se réunir dans
quelque but que ce soit, sous quelque forme et à quelque lieu que ce fût. Voici encore un nouvel exemple de
la force mise au service du droit, mais une force brutale prétendant tout asservir à sa volonté, tout subju-
ger à ses lois. Etait-ce le véritable moyen de s'assurer
un règne heureux et durable ? Nous ne le croyons pas.
Napoléon III en a pu faire la triste et douloureuse
expérience. Il oublia lui aussi qu'il est impossible de
de venir à bout d'un danger moral quel qu'il soit par
la force, par la force la plus légale, par la force la plus
légitime, la mieux dirigée, la mieux combinée.

Quant au droit d'association, il fut toujours enserré
dans d'étroites limites et si l'Empereur sut parfois se
montrer tolérant, sa sévérité arbitraire se manifesta à
diverses reprises. Le procès des Treize en est un
exemple frappant et l'arrêt de la Cour de Paris du
7 décembre 1864, un monument mémorable. La Cour
a considéré « que le comité électoral qui avait pris

naissance chez Garnier-Pagès, était une véritable association. En effet, les divers membres étaient unis ensemble par un lien commun, ils agissaient dans un
but déterminé et permanent, et le nombre des Treize
dont le noyau central se composait, n'écartait pas de
leur tête les rigueurs de l'article 291. » La Cour invo-
quait ici la théorie de l'affiliation et retenait comme
associés ceux avec lesquels les membres du comité
avaient pu correspondre.

Quel fut sous le second Empire le sort des associations religieuses? La plupart furent en but à des tracasseries parfois mesquines et la société de Saint-Vincent
de Paul eut à souffrir plus d'une fois de 1850 à 1854 des
vexations arbitraires du pouvoir. Elle eut en 1862 au
Sénat et au Corps législatif les honneurs d'une interpellation dont les résultats ne se firent jamais sentir.

Les congrégrations religieuses furent en 1860 l'objet
d'attaques purement théoriques au Sénat; quelques-
unes comme les capucins d'Hazebrouck et les rédemp-
toristes de Douai tombèrent en 1861, sur le coup d'un
arrêté de dissolution. Il en fut ainsi en 1862 des rédemp-
toristes de Morlaix.

III

La troisième République n'a pas encore vu s'ouvrir
pour le droit à l'association, l'ère de la liberté. Par un
décret du 22 janvier 1871, les clubs furent supprimés
jusqu'à la fin du siège. Ils avaient été encore le foyer
d'excitations coupables et ils n'étaient pas étrangers à

tous les désordres et à toutes les exécutions sanglantes de la Commune.

Diverses modifications furent d'ailleurs apportées sur certains points spéciaux, soit dans un but restrictif, soit dans un but extensif, aux dispositions du Code pénal, nous les étudierons dans un chapitre prochain.

Depuis la chute du second Empire, beaucoup de nos législateurs ont compris l'importance qu'il y aurait à concéder à tous les Français la liberté d'association et un grand nombre de projets de loi ont été déposés sur le bureau des deux Chambres, ils feront l'objet d'une étude ultérieure.

Le gouvernement s'occupa à plusieurs reprises des congrégations religieuses.

Le 13 décembre 1870, M. Esquiros, administrateur des Bouches-du-Rhône prenait, contre les Jésuites, un arrêté resté célèbre. Il déclarait que les congrégations n'ayant aucune existence légale et étant par suite incapables de posséder, étaient et demeuraient dissoutes (art. 1er). D'après l'article 2, les frères Jésuites mis en état d'arrestation seront, dans les trois jours, conduits hors des frontières de France. » Cette deuxième partie du décret fut annulée sur l'ordre de Gambetta « considérant que si on peut dissoudre légalement la corporation, on ne peut porter atteinte à la liberté des Français qui en font partie et à leur droit de résidence en France. »

Beaucoup de nos législateurs s'émurent à différentes reprises du nombre sans cesse croissant des congrégations religieuses et cherchèrent tous les moyens d'enrayer ce progrès. C'est alors que fut voté par la Chambre des députés ce fameux article 7 du projet de loi,

devenu depuis, la loi sur l'Enseignement supérieur du
18 mars 1880. Cet article était ainsi conçu : « Nul n'est
admis à diriger un établissement public ou privé, de
quelque ordre qu'il soit, n'y à donner l'enseignement,
s'il appartient à une congrégation religieuse non autorisée. » Le Sénat rejeta cet article le 15 mars 1880, et
le 16 mars, la Chambre votait un ordre du jour ainsi
conçu : « La Chambre, confiante dans le gouvernement et comptant sur sa fermeté pour appliquer les
lois relatives aux congrégations non autorisées, passe
à l'ordre du jour. »

C'est à la suite de ce vote que furent rendus les deux
décrets du 29 mars 1880, décrets dont le souvenir est
encore trop récent pour que nous les analysions longuement. Ils n'étaient pas plus tôt parus que les Jésuites et autres congrégations religieuses d'hommes
étaient l'objet de dissolutions opérées *manu militari*.

IV

Nous avons réservé jusqu'ici la solution d'une question très importante et toujours actuelle (1). Il s'agit
d'apprécier la légalité des décrets de 1880 et de se demander si le gouvernement possède bien entre les
mains les armes dont il se servit alors contre les

(1) L'étude de cette question aurait pu être faite quand nous
passions en revue les lois et décrets du premier Empire, et particulièrement le décret de messidor an XII. Nous avons cru devoir
la reporter après l'énonciation des décrets de 1880, à cause des
difficultés multiples qu'elle a soulevées durant le cours de ce
siècle.

moines. En un mot, les articles 291-294 du Code pénal sont-ils applicables aux congrégations religieuses ? C'est par cette étude que nous entendons clore l'histoire de la législation actuelle du droit à l'association. Il n'est certainement pas de question qui ait occasionné plus de luttes oratoires, qui ait soulevé de plus grandes polémiques. De tous temps, depuis 1880 surtout, des campagnes ont été menées contre les congrégations religieuses et les débats législatifs de 1826, 1845, 1880 sont restés célèbres entre tous les autres dans l'histoire de ces congrégations. De grands orateurs, d'illustres écrivains ont pris tour à tour la défense des religieux et se sont évertués à démontrer l'illégalité de leur situation.

Les congrégations religieuses, nous le savons, se distinguent en congrégations reconnues et en congrégations non reconnues. Aux unes, le législateur accorde ses faveurs et il a réglementé leur existence dans des dispositions spéciales (lois 2 janvier 1817 - 24 mai 1825). Quand aux autres, elles existent de fait, mais elles ne sont que tolérées. A leur égard se pose la question suivante : Les congrégations religieuses non autorisées sont-elles prohibées par les lois, sont-elles illicites ? sont-elles au contraire en dehors des lois, sont-elles licites ? (1).

A. — Un premier système qui se recommande par la célébrité des noms de ceux qui l'ont soutenu et le soutiennent encore, tend à démontrer que les religieux

---

(1) Nous n'étudierons pas la question de savoir de quelle voie d'exécution le décret de messidor est susceptible et quelles sont les armes dont le gouvernement dispose pour dissoudre les congrégations religieuses.

non autorisés ne tombent pas sous les dispositions de
la loi pénale ni d'aucun autre décret, et que leur existence est, par suite, complètement licite.

Voici les principaux arguments qu'ils emploient à
l'appui de leur thèse :

1º Ils soutiennent d'abord que les lois de la Révolution de 1789, 1790, 1792 n'ont jamais prohibé « l'existence de fait » des congrégations religieuses, mais
qu'elles n'ont entendu statuer que sur leur personnalité civile. Témoin ces paroles prononcées à Lyon, en
1793, par Collot d'Herbois : « On ne vous empêche
pas de suivre votre religion, vous pouvez lire vos livres, garder vos crucifix, vous lever la nuit, prendre
vos disciplines tant que vous voudrez, dire vos chape-
lets, allez-vous en chez vous comme auparavant... »
Et eussent-elles interdit aux religieux de vivre en commun « la plupart de ces lois, disait la cour d'Aix en
1830, ont d'ailleurs disparu avec les circonstances
malheureuses qni leur ont donné naissance. »

2º L'article 11 de la loi organique du 18 germinal
an XI lui-même, ne prohibe que les « établissements
ecclésiastiques ». Qu'entendre par là, si ce n'est les
communautés religieuses pourvues d'existence légale,
de caractère public, de personnalité civile. Son interdiction ne porte nullement sur les agrégations de religieux, vivant comme simples associés et ne demandant à la loi ni faveurs ni privilèges.

3ª Le décret du 3 messidor an XII, qui suivit et
prohiba les congrégations religieuses formées sans
autorisation, n'a plus aujourd'hui aucune vertu. Il
manquait tout d'abord de sanctions pénales et il fut
abrogé tant par les articles 291-294 du Code pénal que

par les Chartes et constitutions qui suivirent et par les lois concernant la liberté d'enseignement.

4° L'article 291 abroge le décret de messidor. Tous deux sont incompatibles, ils diffèrent profondément l'un de l'autre. Ils sont d'accord, il est vrai, sur la nécessité de l'autorisation préalable, mais tandis que l'article 291 ne l'exige que lorsque l'association se compose d'un nombre de membres supérieur à vingt, le décret l'impose d'une manière absolue : tandis que pour le premier, une simple autorisation administrative suffit ; le second exige un décret du chef de l'Etat. L'un édicte une sanction pénale, l'autre en est dépourvu. L'article 291, dit-on, s'occupe évidemment de réglementer les associations religieuses, son texte est formel, et lors de la discussion de la loi de 1834, le garde des sceaux déclara la loi nouvelle applicable toutes les fois qu'il s'agissait « d'associations ayant pour objet et pour prétexte les principes religieux. »

Les dispositions de cet article 291 modifié par la loi de 1834 forment un code complet des associations en général et des associations et congrégations religieuses en particulier. Il a donc pour effet d'abroger toutes les dispositions antérieures relatives aux congrégations religieuses et tout spécialement le décret de messidor an XII.

5° Le décret de messidor écarté, les congrégations resteraient soumises aux articles du Code pénal, mais les auteurs du système que nous exposons ont trouvé un moyen ingénieux de les soustraire à leur application. Ces articles, disent-ils, qui interdisent les associations de plus de vingt personnes ont bien soin de relater que dans ce nombre de vingt ne sont pas compris les individus domiciliés dans la maison où l'association tient ses réunions. Il ressort de l'étude de ce texte, dit-on, que l'on ne doit compter que les personnes du dehors et que par conséquent une association qui se compose exclusivement de personnes domiciliées dans la maison n'a nullement besoin d'autorisation lors même que ses personnes seraient au nombre de plus de vingt.

« Le Code pénal et la loi de de 1834, disait M. de Vatimesnil (1) n'ont vu de dangers que dans les réunions composées d'individus appartenant à des situations sociales diverses qui se réunissent dans un but commun et qui vont de suite porter dans les relations ordinaires de la vie, l'esprit qu'ils ont puisé ou les projets qu'ils ont formés dans ces conciliabules. Ils n'en ont pas vu dans les agrégations de personnes qui s'associent pour habiter le même toit. » On ajoute, en se basant sur un arrêt de la cour de Caen du 20 juillet 1846 (2) que l'article 291 ne s'applique qu'à des réunions temporaires et périodiques de personnes ne demeurant pas au moins pour la plupart, habituellement ensemble, et non aux congrégations religieuses. »

6° L'abrogation du décret de messidor par l'article 291, continue-t-on, a été implicitement maintenue par les chartes de 1814 et de 1830 qui proclament la liberté de cultes, « car la liberté religieuse, dit encore M. de Vatimesnil (3) consiste à suivre non seule-

(1) Consultation, p. 70.
(2) D. 49.1.44.
(3) *Op. cit.*, p. 72.

ment les préceptes absolus, mais encore les conseils de
la religion à laquelle on appartient. Or, il est de principe dans la religion catholique que les vœux monastiques et l'observance de la règle à laquelle on est
soumis par ces vœux, constituent la perfection des
conseils évangéliques. »

7° On invoque enfin la Constitution de 1848 proclamant la liberté d'association et la loi du 15 mars 1850
sur la liberté d'enseignement. Cette dernière accorde
aux membres des congrégations non autorisées, la
faculté d'enseigner, *a fortiori*, disait-on, la faculté
d'exister pour toutes ces congrégations, et cela d'une
manière licite.

Le rapporteur disait : la République ne connaît pas
les corporations, elle ne les connaît ni pour les gêner,
ni pour les protéger. Le Sénat, ajoute-t-on, en rejetant
en 1880, l'article 7 a manifesté ses intentions de laisser les congrégations exister de fait et de droit.

8° Les auteurs de ce système terminent enfin par
des considérations générales, faisant ressortir toute la
légitimité des aspirations religieuses et les services
éminents et durables que les congrégations ont de
tous temps rendus à la France et à l'humanité entière.

B. — Malgré toutes ces considérations, en dépit de
tous ces arguments, nous ne croyons pas que les
congrégations religieuses non autorisées puissent être
considérées à l'heure actuelle comme ayant une existence licite, et nous inclinerions à croire que l'article 291 leur étant inapplicable, elles sont encore soumises au décret de messidor. Il nous suffira pour cela
de reprendre tous les arguments du système que nous
venons d'exposer.

1° Les lois de la Révolution ne fournissent peut être
pas en faveur de notre système un argument très pro-
bant : il est toutefois bon de faire remarquer que si la
constituante a supprimé les congrégations en tant que
personnes civiles, la législative et la convention ont
promulgué des lois néfastes qui interdisaient aux religieux la vie en commun et poussaient même la sévérité jusqu'à les exiler de France.

2° L'article 11 de la loi organique se sert, il est vrai,
des termes « établissements religieux », termes employés le plus souvent dans le sens de « communautés
reconnues. » Mais il ressort des travaux préparatoires et
des paroles de Portalis (rapportées plus haut) que le
législateur avait également en vue les congrégations
religieuses en tant que simples associations de fait.

3° Nous abordons ici l'argument principal de la
thèse que nous combattons : la prétendue abrogation
du décret de messidor. Ce décret, après avoir déclaré
qu'aucune congrégation ne pourra se former sans l'autorisation du gouvernement, ajoute : « Nos procureurs
généraux, près nos cours, et nos procureurs impériaux
sont tenus de poursuivre ou faire poursuivre même par
voie extraordinaire, les personnes de tout sexe qui contreviendraient directement ou indirectement au présent
décret qui sera inséré au *Bulletin des lois* (art.6). »

Ce décret, nous dit-on, est inexécutable faute de
sanction! La dissolution des congrégations (art. 1er) et
la dispersion de leurs membres auxquels il est enjoint
de se rendre dans leurs diocèses respectifs (art. 2) n'est-
ce donc pas une sanction suffisante? « Tous les jours,
dit M. Thiers (3 mai 1845) on exécute des lois qui n'ont
pas de sanction pénale et qui n'ont qu'une force admi-

nistrative. » Sanction pénale également dans l'article 6 qui prononce contre les contrevenants des *poursuites extraordinaires* (ce qui n'exclut nullement les poursuites ordinaires, poursuites édictée dans le Code de brumaire an IV, telles que les infractions aux actes de l'autorité). Et puis, si on objecte la facilité d'éluder la loi et de la fouler aux pieds, quand elle n'est pas sanctionnée, ne peut-on pas répondre que certaines pénalités comme celles que permettaient de prononcer avant 1834 le Code pénal (art. 291-294) ne sont pas toujours suffisantes pour éloigner les membres des communautés dissoutes de l'idée de se réunir à jamais.

4. Bien plus, nous soutenons que l'article 291 est inapplicable en notre cas. Il n'était pas de question plus à l'ordre du jour au moment de la rédaction du Code pénal que celle des congrégations religieuses et pourtant les travaux préparatoires sont absolument muets à leur sujet. Ils n'ont en vue que les dangers des clubs. Sans entrer dans les distinctions que certains orateurs (M. Dupin en 1845) ont essayé de faire entre les associations religieuses du Code pénal et les congrégations religieuses, nous pouvons certifier que beaucoup de législateurs pour ne pas dire tous, ont sans cesse trouvé qu'elles différaient entre elles par des caractères particuliers et que la règle, la communauté d'habitation, les vœux ont de tout temps, fait ranger les congrégations (1) sous une législation spéciale. Ajoutez à cela que l'article 291 s'occupe des associations qui se réunissent tous les jours ou à certains jours marqués, c'est-à-dire dont les membres étrangers entre

_____

(1) Pour nous les congrégations sont des associations religieuses.

eux, se rapprochent momentanément pour s'occuper d'un objet quelconque, littéraire, politique ou religieux.

« La loi des associations, disait M. Berryer en 1845, vous l'avez admirablement compris avec votre grand et bon esprit, elle n'est pas applicable à la matière. Il ne s'agit pas de réunions plus ou moins régulières, plus ou moins périodiques formées d'un plus ou moins grand nombre de personnes qui, étrangères l'une à l'autre par leurs positions sociales, ayant des situations dans la société, y remplissent des professions diverses ayant toutes les passions diverses, tous les intérêts divers dont la société est animée, se réunissent à un jour donné pour un objet déterminé, religieux ou autre et redeviennent après la réunion ce qu'elles étaient avant, et rentrent dans la société avec toutes les passions, tous les caprices, tous les intérêts du monde. »

5. Vouloir de plus, pour ne pas faire peser les sévérités de la loi sur les congrégations religieuses objecter que les membres sont tous domiciliés dans le lieu où l'association se réunit, c'est créer un moyen trop facile d'éluder la loi, c'est permettre à tous les membres d'une association quelconque, voire même la plus dangereuse, de se réunir dans un même domicile, d'y habiter et par là même de se mettre au-dessus des lois.

6. Nous repoussons également les arguments qui tendent à prouver l'abrogation implicite du décret de messidor par les Chartes de 1814 et de 1830. Nous avons vu qu'une constitution remplie de phrases sonores et d'articles utopistes ne peut pas abroger une loi ou un décret spécial, et de même que ces constitutions n'ont pas abrogé l'article 291 en ce qu'il interdit les réunions pour l'exercice d'un culte, de même elles lais-

sent subsister le décret de messidor dans toutes ses parties. On pourrait se demander également s'il y a incompatibilité véritable entre le droit pour le gouvernement de prononcer la dissolution et de s'opposer à la formation des congrégations religieuses, et le principe de la liberté des cultes.

7. Nous ferions une réponse analogue en face de l'article 8 de la constitution de 1848 donnant aux citoyens le droit de s'associer paisiblement et sans armes. Il n'y a pas là de texte suffisant pour abroger une loi spéciale, il ne put qu'en une certaine mesure, modifier l'esprit du gouvernement et lui conseiller la tolérance.

8. On invoque enfin la loi du 15 mars 1850 qui ne retire pas la faculté d'enseigner aux membres des congrégations non autorisées. Cette objection avait déjà été soulevée lors de la rédaction de la loi. M. Thiers y avait répondu de la manière suivante : « On veut nous faire résoudre une question que nous n'avons pas entendu résoudre, celle de l'existence des associations religieuses en France. Le jour où on fera la loi des associations, vous examinerez si vous devez nommément d'une manière générale les proscrire ou les admettre. Alors à titre d'association, vous prononcerez sur son sort mais aujourd'ui, dans la loi d'enseignement, vous n'avez pas cette question à résoudre. Pourrait-on, après la capacité et la moralité démontrées, prononcer contre ces individus une exclusion parce qu'ils appartiennent à telle ou telle congrégation ? Vous ne le pouvez pas avec votre constitution : mais quand vous ferez la loi des associations politiques ou reli-

(1) Discours, 24 février 1850.

gieuses admises en France, vous verrez ce que vous devez faire » (1).

Et puis, une loi toute entière pourrait-elle être abrogée par la même qu'une anomalie existe entre l'une de ses dispositions et une autre loi. Non. C'est au législateur à la faire disparaître, à la faire cesser au plus tôt, et c'est ce qu'il fera en proclamant, nous l'espérons prochainement, la liberté complète de s'associer.

Enfin, l'argument principal que l'on puisse faire valoir contre le système précédent se tire des dispositions dans lesquelles se trouvait le législateur quand il rédigea le Code pénal. Peut-on croire que Napoléon, si avare de liberté, ait pu biffer d'un seul trait de plume, toutes les mesures relatives aux congrégations religieuses? Peut-on penser qu'il ait agit ainsi, alors qu'il était en démêlés sérieux avec le Pape Pie VII. Peut-on s'imaginer enfin que l'Empereur qui avait pris contre les congrégations les mesures les plus sévères, les plus rigoureuses, ait subitement changé sa manière de voir et leur ait concédé une entière liberté, même au-dessous de vingt personnes (1). Cela est impossible, et c'est la raison principale pour laquelle nous repoussons le système proposé.

Mais, quoique persuadés que le décret de messidor est applicable dans toute sa force aux congrégations religieuses, application que n'ont pas manqué de faire tous les gouvernements que se sont succédé en France depuis cent ans, nous ne pouvons nous empêcher de regretter l'existence de pareilles mesures. Il est impos-

---

(1) Ce qui aurait lieu si l'article 291 était applicable dans toute sa rigueur aux congrégations religieuses.

sible que des hommes et des femmes qui, sous leur
vêtement religieux se dévouent pour les malheureux,
les malades et les enfants du peuple soient plus longtemps sous le coup de pareilles dispositions législatives.
Espérons que le vingtième siècle, en terminant une
longue période de divisions et de troubles, apportera
avec la pacification des esprits, plus de libertés pour
les congrégations religieuses, plus d'humanité, plus de
justice.

CHAPITRE VII

MODIFICATIONS APPORTÉES AUX ARTICLES 291-294 DU CODE
PÉNAL. — QUELQUES APPLICATIONS DE LA LIBERTÉ D'AS-
SOCIATION.

§ I. — 1) Les Associations de malfaiteurs;
    2) Les Sociétés secrètes;
    3) L'Association internationale des travail-
      leurs.

§ II. — 1) Les Sociétés de secours mutuels;
    2) Les Associations tendant à créer ou à en-
      tretenir des établissements d'enseigne-
      ment supérieur;
    3) Les Syndicats professionnels.

Nous avons vu, dans tout l'exposé qui précède, que
les Français ne jouissent en aucune façon de la liberté
d'association au sens vrai du mot; nous avons pu remarquer que, dès la Révolution et surtout depuis la
rédaction du Code pénal, tous les partis au pouvoir ont
dénié ou restreint l'exercice de cette liberté. A l'heure
actuelle, les articles 291-294, modifiés par la loi de 1834,
forment encore en matière d'association le droit commun de notre pays. Il y a là véritablement une lacune
dans le Code de nos libertés publiques. Plusieurs lé-

gislateurs l'ont très bien compris, et sans parler ici du nombre considérable de projets de lois qui ont été déposés depuis 25 ans, tous tendant à concéder la liberté complète d'association, certaines lois spéciales ont apporté des modifications extensives au Code pénal.

Il est quelques catégories de privilégiés en faveur desquels les rigueurs de la loi ont été légèrement adoucies; il est certaines associations devant lesquelles le gouvernement a cru pouvoir désarmer, et au profit desquelles il a remplacé les mesures préventives par de simples moyens de répression.

Inversement, il est des associations pour lesquelles les sévérités du Code n'ont pas été jugées assez dures; celles-là, le législateur les a prohibées d'une façon toute particulière, leur refusant l'autorisation de se former, et édictant contre leurs membres les peines les plus sévères. Telles sont principalement les associations de malfaiteurs, les sociétés secrètes et l'Internationale des Travailleurs.

I

1) Avant 1810, l'association de malfaiteurs n'était pas en elle-même punissable. Seules, les infractions commises par les divers membres étaient réprimées comme l'auraient été celles des individus isolés. Le Code pénal qui interdisait les associations les plus honnêtes, les plus louables et qui considérait dans une certaine mesure leur formation comme un délit, ne pouvait pas se montrer moins rigoureux, quand il se

trouvait en face des associations de malfaiteurs. Aussi, avant même d'avoir édicté l'article 291, les rédacteurs du Code avaient-ils fait insérer les articles 265 à 268, où ces associations sont considérées comme des crimes, abstraction faite des actes qu'elles ont pour but de préparer.

Mais à quels signes distinctifs reconnaîtra-t-on ces associations de malfaiteurs? On peut considérer comme telles toutes réunions d'individus organisés en bandes sous la conduite de chefs, et qui ont pour but d'attaquer les personnes et les propriétés privées. Peu importe le nombre des membres, qu'il soit supérieur ou inférieur à vingt; par cela seul qu'il y a entente entre plusieurs personnes sans aveu, qu'il y a entre eux organisation régulière et permanente, le crime contre la paix publique existe. Aussi faut-il distinguer ces associations de malfaiteurs d'avec les attroupements. Ici, en effet, la réunion d'hommes est purement accidentelle, nullement préméditée. Elles diffèrent également des bandes armées, dont les membres ont pour but de s'attaquer aux propriétés publiques et qui menacent la sûreté de l'État.

Ce qui caractérise l'association de malfaiteurs, c'est donc cette organisation permanente formée avec esprit de durée pour la perpétration d'une série de crimes contre les personnes et les propriétés privées. Et « l'association existe, disait le rapporteur au Corps législatif, dès qu'il y a des bandes organisées par la nomination de chefs et par leur correspondance entre eux. »

Peu importe qu'elle ait ou non commis un crime spécial, du jour de son organisation cette association était punissable; la peine variait suivant l'importance des fonctions que l'accusé remplissait dans la bande.

Depuis, les attentats anarchistes ont remis à l'ordre du jour ces articles du Code pénal; et la loi du 18 décembre 1893 est venue apporter une sanction nouvelle en déclarant la peine des travaux forcés à temps applicable à tous les membres des associations de malfaiteurs, quelles que soient les fonctions qu'ils remplissent.

2) L'article 13 du décret du 28 juillet 1848 sur les clubs, portent : « Les sociétés secrètes sont interdites. Ceux qui seront convaincus d'avoir fait partie d'une société secrète seront punis d'une amende de 100 à 500 francs, d'un emprisonnement de 6 mois à 2 ans, et de la privation des droits civiques de 1 an à 5 ans.

Les condamnations pourront être portées au double contre les chefs ou fondateurs desdites sociétés.

Les peines seront prononcées sans préjudice de celles qui pourront être encourues pour crimes ou délits punis par les lois. »

Nous avons vu qu'un décret du 25 mars 1852 était venu abroger le décret de 1848 sur les clubs; il exceptait de cette abrogation l'article 13 ci-dessus rapporté.

En 1881, l'article 12 de la loi du 30 juin sur la liberté de réunion abrogeait ce décret de 1852, mais réservait expressément l'interdiction de ces mêmes sociétés, et tel est encore à l'heure actuelle le droit commun.

Il n'en fut pas toujours ainsi, et avant le 28 juillet 1848 les sociétés secrètes étaient confondues avec toutes les autes associations. Comme elles, régies par les articles 291-294, elles n'étaient punissables que si elles étaient composées de plus de vingt personnes, assemblées sans autorisation.

Qu'est-ce donc qu'une société secrète? Lors des débats relatifs au décret de 1848, une discussion fort animée s'éleva au sein de l'Assemblée nationale; la plupart des députés exigèrent du législateur la définition d'un délit qu'il voulait réprimer. Il est en effet plus facile de citer des exemples que de définir exactement les termes employés. Une séance entière se passa en vains efforts tentés par plusieurs membres pour donner de la société secrète une définition satisfaisante. Aussi, devant cette impossibité manifeste d'arriver à aucun résultat, le rapporteur conclut-il de la façon suivante : « Citoyens représentants, la commission s'est livrée à une longue et consciencieuse étude pour chercher une définition exacte des mots : sociétés secrètes, et la commission a fini par conclure... qu'une société secrète est une société secrète. Il nous a paru qu'il y a des faits tellement évidents qu'on ne peut pas les éclaircir, qu'il y a des expressions tellement claires qu'elles s'expliquent d'elles-mêmes. Il nous a paru qu'une répétition de mots, un rapprochement de synonymes, n'était pas une définition et qu'il était impossible de se tromper sur le sens réel, le sens historique, le sens légal et juridique des mots : sociétés secrètes. »

Il ne faut pas toutefois confondre la société secrète avec la société non publique. La première est celle qui n'ose pas avouer son but ou les moyens qu'elle emploie pour y aboutir, la deuxième est celle dont l'existence est connue mais dont les réunions sont ouvertes aux seuls membres et fermées à tous les autres.

Peu importe le nombre de personnes composant une

société secrète, peu importe le but qu'elle se propose :
politique, religieux, ou autre; par cela seul qu'elle est
secrète, par cela seul qu'elle n'ose pas avouer son
existence, et qu'elle dissimule ses intentions, elle est
punissable ; c'est un délit. Une agrégation de citoyens
qui n'a en vue que le bien, et dont les moyens d'action
sont licites, ne craint pas de se montrer au grand jour :
on ne se cache que pour faire le mal.

Devant cette absence complète de définition légale,
la jurisprudence se trouve avoir plein pouvoir pour
examiner la question de fait et pour déterminer s'il y a
ou non société secrète. Il est toutefois très arbitraire
d'admettre avec le rapporteur de la commission de
1848, que la qualification de société secrète ne doit pas
atteindre une association par cela seul que sa constitution contient un secret, si d'ailleurs son existence n'est
pas dissimulée, comme la Franc-Maçonnerie par
exemple. Est-ce que le secret ainsi gardé sur tel ou tel
article des statuts ne peut pas porter sur un des buts
les plus importants de la société? ne peut-on pas dissimuler par là un des moyens les plus habiles qui seront
employés pour attenter à l'organisation de l'Etat et
briser ses rouages les plus importants?

La loi semble même punir la société secrète d'une façon plus sévère que tous les autres délits; car, soit inten-
tionnellement, soit par inadvertance, elle refuse à ceux
qui se sont affiliés à une telle société, le bénéfice des circonstances atténuantes. En effet, l'article 18 du décret de
1848, déclarait l'article 463 du Code pénal applicable à
l'article 13. Or ce décret ayant été abrogé sauf ce dernier
article, il en résulte que le législateur, tout en conser-
vant la prohibition relative aux sociétés secrètes, n'a

pas voulu faire bénéficier leurs membres de l'allège-
ment de pénalités.

Nous avons vu plus haut qu'un décret du 8-12 décembre 1851 avait permis de transporter par mesure
de sûreté générale, à la Guyane ou en Algérie, pour
cinq ans au moins et dix ans au plus, tout individu
reconnu coupable d'avoir fait partie d'une société
secrète. C'était peut-être, pousser un peu loin les
mesures de précaution, et permettre aux gouvernants
de l'avenir d'entrer plus facilement dans la voie des
abus. Aussi, un décret du 24 octobre 1870, dû au gouvernement de la Défense nationale est-il venu dans son
article 1er abroger le décret de 1851.

3) En disant quelques mots de l'association internationale des Travailleurs, nous ne nous faisons pas illu-
sion que nous sortons un peu du cadre de la question
que nous étudions en ce moment; car, si les sociétés
secrètes et les bandes de malfaiteurs sont en elles-
mêmes des délits, abstraction faite du but qu'elles
peuvent atteindre, l'Internationale des Travailleurs
n'est considérée comme telle que parce que les membres qui la composent sont en état d'infraction, et que
leurs agissements sont repréhensibles. En un mot, ici
ce n'est pas l'association comme telle que la loi poursuit, mais l'association envisagée dans ses membres;
ce n'est pas l'association qui est un délit, c'est l'infraction commise par ses affiliés.

La loi n'entend pas punir toutes les associations
internationales quelles qu'elles soient : toutes sont
légitimement permises, pourvu toutefois qu'elles se sou-
mettent aux conditions que leur impose l'article 291;
mais il est une association internationale qui a été

traitée d'une façon plus spéciale et plus sévère, par
suite d'évènements importants dont elle a été l'instiga-
trice. Le 14 mars 1872 fut votée une loi dont l'article 1er était ainsi conçu : « toute association internationale qui, sous quelque dénomination que ce soit, et
notamment sous celle d'*association internationale des
Travailleurs*, aura pour but de provoquer à la suspension du travail, à l'abolition du droit de propriété,
de la famille, de la patrie, de la religion, ou du libre
exercice des cultes, constituera par le seul fait de son
existence et de ses ramifications sur le territoire français, un attentat contre la paix publique. » Cet article,
il est vrai, s'attaque à toutes les associations internationales professant des doctrines subversives et contraires à l'ordre public, mais il a surtout en vue
l'association internationale des Travailleurs dont il
décrit le but et résume les statuts. C'est une véritable
loi d'exception, c'est un véritable jugement de condamnation. M. Bertauld s'est ému à juste titre de voir
aussi une loi viser une individualité déterminée, au
lieu de poser une règle générale applicable à tous.

Le garde des sceaux lui a répondu qu' « adresser
ce reproche à la loi, c'était faire une véritable confusion, car la loi frappe généralement tout citoyen qui
s'affilie à l'association Internationale des Travailleurs,
ou à une association analogue. » Il ajoutait qu'on avait
cité un exemple d'association dangereuse, mais qu'on
n'avait pas voulu établir une véritable exception au
préjudice d'une société spéciale.

L'article 2 édicte des pénalités particulières contre
ceux qui, à l'avenir, s'affilieront à de telles associations
et l'article 3 est encore plus sévère à l'encontre de ceux

qui auront rempli une fonction dans ces associations ou prêté un concours actif à leur développement.

Mais nous nous plaisons à le répéter : en votant cette loi, le législateur n'a pas entendu porter la moindre atteinte au droit d'association. « Le droit, disait le rapporteur, n'est pas plus lésé qu'il ne l'est par les dispositions répressives de toute association qui s'organiserait en vue de concourir à des crimes ou à des délits contre les personnes ou les propriétés, et enfin du complot lui-même, qui suppose aussi le fait antérieur d'une association. » On punit ici des criminels de droit commun, on punit aussi des individus, non parce qu'ils font partie d'un groupe quelconque, mais parce qu'ils acceptent les statuts de ces groupes, parce qu'en agissant ainsi, ils ont en vue la destruction de toute idée religieuse et morale, la destruction de la Patrie elle-même.

Depuis son apparition, cette loi a d'ailleurs soulevé bien des critiques ; ses articles ont été l'objet d'attaques nombreuses. Le 14 novembre 1882, un grand nombre de députés déposaient sur le bureau de la Chambre un projet tendant à l'abrogation de cette loi du 14 mars 1872. Les auteurs du projet invoquaient le caractère antijuridique de la loi, « l'injustice de ses dispositions vexatoires. » Ils soutenaient que, pour atteindre la liberté d'association depuis si longtemps réclamée et si impatiemment attendue par la démocratie, « la première et la plus importante réforme à accomplir était de restituer aux travailleurs le droit dont ils ont été dépouillés par la loi. » Ce projet subit le sort de toutes les propositions relatives au contrat d'association : renvoyé à une commission spéciale, il fut oublié dans un carton, d'où il ne sortira sans doute jamais.

II

A côté de ces associations que le législateur a prohibées d'une façon spéciale, il en est d'autres, au contraire, nous le disions plus haut, auxquelles il a particulièrement accordé ses faveurs et qu'il a dispensées de la formalité de l'autorisation préalable. Nous ne citerons ici que pour mémoire, certaines associations dont l'analyse nous entraînerait trop loin et nous ferait sortir du cadre que nous nous sommes tracé. Nous voulons parler en particulier des associations syndicales réglementées par la loi du 21 juin 1865 et le décret du 9 mars 1894, des sociétés de secours aux blessés de terre ou de mer, des comices agricoles.

Qu'il nous suffise maintenant de jeter un rapide coup d'œil sur trois associations particulières : les sociétés de secours mutuels; les associations ayant pour but de créer et d'entretenir des établissements d'enseignement supérieur libre; et les syndicats professionnels.

1) Nous devons nous occuper *à priori* des sociétés de secours mutuels, sur la légitimité et la légalité desquelles planent les doutes les plus sérieux.

Les sociétés de secours mutuels sont des associations de prévoyance, fondées dans le but d'assurer à leurs membres un secours en cas de maladie ou d'accidents, une retraite quand les infirmités ou la vieillesse leur enlèvent leurs moyens de travail, et ce, moyen-

nant le paiement périodique d'une somme relativement
minime, ou le versement en nature d'objets de peu
de valeur : associations très louables, dont l'utilité s'est
toujours fait sentir parmi les hommes de la classe ouvrière surtout, mais qui ont prospéré aussi dans
certaines classes mieux favorisées de la fortune.

Elles se mêlèrent, au Moyen-Age, aux corporations
de métiers et prirent une forme spéciale dans le com-
pagnonnage et la franc-maçonnerie à ses origines.
Depuis, on les a toujours vues prospérer : ne sont-elles
pas, en effet, pour l'ouvrier, une excitation au travail
et un moyen précieux d'épargne. Ne lui procurent-elles
pas un abri dans le besoin, des ressources nécessaires
pour les jours néfastes de la maladie et les misères de
la vieillesse ? ne sont-elles pas enfin pour lui l'occasion
de se mêler plus intimement à ses semblables et de
resserrer les liens d'estime et d'affection qui l'unissent
à eux ?

Jusqu'en 1850, ces sociétés étaient soumises au régime des articles 291-294 du Code pénal. On peut s'en
étonner tout d'abord, car ces sociétés, qui ont en vue
la répartition de certains bénéfices, et dont le fonctionnement n'exige pas ordinairement de réunions périodiques devraient plutôt obéir aux prescriptions du
Code civil ou du Code de commerce. Mais il n'en est
rien. On a pensé que par suite du grand nombre
d'adhérents qu'elles pouvaient avoir, par suite de la
qualité des diverses personnes qui pouvaient en faire
usage, ces sociétés étaient susceptibles d'avoir beaucoup d'influence et de présenter, la plupart, des dangers que l'article 291 a voulu prévenir. Leur organisation peut d'ailleurs servir très facilement, dans

les moments de crise, d'instrument aux passions
politiques qui manqueront rarement de les utiliser.
Ces sociétés n'ont-elles pas sollicité l'autorisation exigée par le Code pénal, et sont-elles composées de plus
de vingt membres (nombre infime pour elles), elles
sont déclarées aussitôt illicites.

.Mais il arriva à leur égard ce qui se passe actuellement pour la plupart des associations ; l'administration ferma les yeux et beaucoup d'entre elles vécurent
librement sous un régime de tolérance.

Le décret du 28 juillet 1848, et la constitution de la
même année, en reconnaissant pour tous les citoyens
le droit à l'association libre, consacra, pour ainsi dire,
la reconnaissance de ces sociétés qui se développèrent
sans autorisation. Cette reconnaissance fut officielle le
jour où la loi du 15 juillet 1850, en établissant plusieurs catégories de sociétés de secours mutuels, en
conférant aux sociétés autorisées ou reconnues d'utilité publique, des avantages particuliers, proclama en
même temps l'existence des sociétés libres (1) : « Les
autres sociétés de secours mutuels actuellement constituées ou qui se formeraient à l'avenir s'administre-
ront librement, tant qu'elles ne demanderont pas à
être reconnues comme établissements d'utilité publique », et le législateur, craignant que sous le couvert de sociétés de secours mutuels ne vinssent à se
cacher des sociétés politiques ou autres, dont le but
serait d'entraver la marche du gouvernement, ajoutait :
« Néanmoins, elles pourront être dissoutes par le
gouvernement, le Conseil d'État entendu, dans le cas

(1) Art. 12, § 3.

de gestion frauduleuse, et si elles sortaient de leur condition de sociétés mutuelles de bienfaisance. » Jusqu'en
1852, la liberté complète est donc accordée à ces
sociétés.

Mais alors s'est posée la question de savoir si l'abrogation du décret du 28 juillet 1848 sur les clubs par
celui du 25 mars 1852, étant restée sans influence sur
les sociétés de secours mutuels. La solution de cette
question a embarassé la jurisprudence : il n'y a pas eu
unanimité dans les opinions sur ce sujet.

Dans un arrêt du 7 décembre 1882 (1), la Cour de
Paris a d'abord décidé que, malgré cette abrogation,
les sociétés de secours mutuels pouvaient exister et
se développer sans autorisation.

A l'appui de sa thèse, la Cour apportait les arguments
suivants : « Le décret de 1848, disait-elle, ne visait
exclusivement que les sociétés politiques et nullement
les associations de bienfaisance; par suite l'abrogation
de ce décret n'a pu exercer aucune influence sur le
régime légal des sociétés de secours mutuels ; d'ailleurs ces sociétés ont fait l'objet d'une loi spéciale toujours en vigueur. Le décret du 26 mars 1852 n'a pu
faire autre chose que de provoquer les sociétés de
secours mutuels par l'offre de certains avantages, à se
placer elles-mêmes sous la tutelle administrative.....
L'article 18 dudit décret prévoit en termes exprès le
fonctionnement actuel et la formation future de sociétés
non autorisées ; si l'on eut considéré cette hypothèse
comme pouvant donner lieu à l'application de l'article 292 du Code pénal, ledit article 18 n'aurait pas

(1) D. 92. 2. 574.

manqué de proscrire d'une façon absolue les sociétés
libres, au lieu de les convier seulement à profiter des
bienfaits que ledit article les déclare susceptibles d'obtenir, à la charge de soumettre leurs statuts à l'approbation préfectorale. »

Mais depuis 1882, la jurisprudence a varié, et un
arrêt de la Cour de Toulouse, en date du 27 décembre
1887, a décidé avec raison, croyons-nous, que ces sociétés étaient soumises à la nécessité de l'autorisation
préalable, et que la loi du de 1850 était abrogée vir-
tuellement par le décret de 1852.

Ici la Cour se base sur ce point que la liberté donnée
aux sociétés de secours mutuels de se former sans
autorisation leur a été accordée par une disposition
expresse; l'article 14 de la loi de 1848 sur les clubs;
que la loi de 1850 a pour unique objet d'organiser une
procédure nouvelle en vue de faciliter aux corporations
de secours mutuels l'obtention de la reconnaissance
comme établissements d'utilité publique; et que l'article 12, en parlant des sociétés libres se référait exclusivement au décret de 1848.

L'article 6 de la loi du 21 mars 1884 sur les syndicats
professionnels fournit à la jurisprudence un argument
nouveau favorable au système de l'autorisation, puisqu'il permet aux syndicats de constituer entre leurs
membres, des sociétés annexes de secours mutuels à
la condition qu'ils remplissent certaines formalités,
mais sans qu'ils soient tenus dans ce cas de demander
une autorisation. On suppose donc qu'en général l'autorisation est indispensable pour la création d'une
société de secours mutuels.

Et quand on objecte à la Cour le décret de 1852

(26 mars) sur les sociétés qui nous occupent, elle répond
que ce décret est justement à la loi de 1850 ce que le
décret du 25 mars est à la loi de 1848, et que les mots
« non autorisées » employés par ce décret du 26 mars
ont identiquement la même signification que dans la
loi de 1850, c'est-à-dire qu'on doit les entendre dans le
sens de « non approuvées » « non reconnues ».

La Cour, il nous semble, aurait encore pu fortifier
son argumentation, en invoquant une circulaire du
28 octobre 1852 dans laquelle le ministre de la police
générale donnait des instructions relatives à la dissolution des sociétés de secours mutuels. « Le décret de
1852, disait-il, a remis en vigueur les articles 291 et
292 du Code pénal et la loi du 18 avril 1834, sans qu'il
ait été apporté aucune exception au profit des sociétés
de secours mutuels. »

Quoi qu'il en soit, il est temps que ces dispositions
contradictoires aient une fin, il est temps que les sociétés de secours mutuels sachent sous quelle législation
s'abriter. Nos représentants l'ont d'ailleurs compris;
et un projet de loi déposé à la Chambre des députés
en 1895 est actuellement en discussion (1).

Espérons que ce projet aboutira, et que de tous les
débats sortira une liberté pleine et entière pour les
sociétés de secours mutuels qui pourront dès lors se
former sans autorisation. Puisse cette loi nouvelle être
le prélude de celle qui dans l'avenir proclamera sur
tous les points la liberté d'association.

2) Avant de parler des *syndicats professionnels*, il
nous faut citer comme étant dispensées d'autorisation

(1) Officiel, 9 mars-31 mai 1896.

les associations dont le but est de créer et d'entretenir
des établissements d'enseignement supérieur libre.

L'article 10 de la loi du 10 juillet 1875 est venu
inaugurer en leur faveur un régime nouveau, le régime
simplement répressif. Le législateur proclamait la
liberté de l'enseignement supérieur : il ne pouvait
retirer d'une main ce qu'il accordait, à regret peut-être
de l'autre; puisqu'on autorisait tous les Français justi-
fiant de certaines conditions à ouvrir des établissements
d'enseignement supérieur, il fallait également permettre à ces mêmes Français de se coaliser, de s'unir, pour
qu'ils puissent les entretenir. Une simple déclaration
faite dans la forme légale suffira pour qu'une association de ce genre se forme sans avoir à redouter les sévérités de la loi pénale (1) (2).

(1) L'article 10 de la loi du 12 juillet 1875 est ainsi conçu :
« L'article 291 du Code pénal n'est pas applicable aux associations formées pour créer ou entretenir des cours ou établissements
d'enseignement supérieur dans les conditions déterminées par la
présente loi. Il devra être fait une déclaration indiquant les noms,
professions et domiciles des fondateurs et administrateurs desdites
associations, le lieu de leur réunion, et les statuts qui doivent les
régir. Cette déclaration devra être faite, savoir : 1° au recteur, ou
à l'inspecteur d'académie qui la transmettra au recteur ; 2° dans
le département de la Seine, au préfet de police, et dans les autres
départements, au préfet ; 3° au procureur général de la cour du
ressort, en son parquet, ou au parquet du procureur de la République. La liste complète des associés avec indication de leur
domicile devra se trouver au siège de l'association et devra être
communiquée au parquet, à toute réquisition du procureur général. »

(2) Il a été explicitement formulé, lors du vote de la loi que
l'article 291 resterait applicable aux associations ayant pour but
d'encourager ou de propager des établissements d'enseignement
supérieur. « On craignait, en effet, dit M. Paris (Discussion 1875),

3) Le 21 mars 1884, le législateur faisait une nouvelle brèche, plus sérieuse que les précédentes, à l'article 291 ; il proclamait la liberté d'association en faveur d'une certaine catégorie d'individus qui dans l'isolement voyaient se paralyser leur activité et leurs forces. Il comprit ce que pouvait engendrer l'association appliquée au relèvement du sort des ouvriers, et il décréta la libre création des syndicats professionnels. Il institua de nouvelles corporations de métier, mais des corporations ouvertes à tous, respectueuses de la liberté du travail et ne réclamant que la satisfaction de leurs droits, sans aucun privilège.

A. — L'utilité de ces syndicats est incontestable. Grâce à eux, les petits artisans, les humbles commerçants peuvent lutter à armes à peu près égales contre la grande industrie et les grands magasins ; — A tous les ouvriers, le syndicat permet de se réunir pour des achats communs à bas prix, pour l'organisation du Crédit mutuel, pour l'institution de caisses de secours et de mille autres œuvres dont nous n'avons pas ici à parler.

Au point de vue moral, le rôle du syndicat n'est pas moins considérable. Il engendre l'union résultant de la solidarité professionnelle, entre les membres de la classe ouvrière ; l'union implante l'amitié elle-même entre tous ces hommes, inconnus hier les uns aux autres, et qui aujourd'hui marchent la main dans la main pour la défense de leurs intérêts communs.

On comprend dès lors que le législateur ait favorisé

que l'on put créer subrepticement des associations qui, s'appliquant en apparence à l'enseignement supérieur, poursuivraient en réalité un but tout différent. ».

les syndicats : on comprend que le premier article
de la loi de 1884 ait abrogé l'article 291 du Code
pénal. Il était temps ! Car depuis bientôt cent ans,
les partisans de l'individualisme avaient réussi, tout
en proclamant la liberté du travail, à placer les individus dans la solitude, dans l'isolement. On redoutait
alors l'influence des anciennes corporations de métier
que la loi du 9 mars 1791 avait détruites, et qui
étaient devenues à la longue un moyen d'exploitation, une occasion de monopole, une entrave complète
à liberté du travail.

Mais on ne pouvait empêcher les hommes de se concerter, de s'aider, de se coaliser, pour se défendre contre les risques de toute nature auxquels est exposée
leur profession commune, et devant les envahissements
de la grande industrie, les hommes isolés cherchèrent à
s'entendre. Qu'ils fussent patrons ou ouvriers, ils se
groupèrent en chambres syndicales qu'ils constituèrent sans autorisation.

Ils vivaient sous un régime de tolérance, toujours
menacés de dissolution. Malgré cela, tel était chez
nous le besoin de s'associer que la liberté passait par
toutes les fissures.

La loi du 25 mai 1864, abrogeant les articles du
Code pénal relatifs aux coalitions ne produisit pas les
résultats satisfaisants qu'on attendait d'elle. En effet,
à quoi sert la coalition dans un intérêt commun, si
on ne possède pas en même temps le droit de s'associer ? A quoi bon la loi de 1864 si on laisse subsister à
côté d'elle l'article 291 du Code pénal ? Tout au plus
facilite-t-elle les sociétés secrètes, les associations
occultes. Aussi la loi du 21 mars 1884 fut la bien-

venue ; les avantages qu'elle procurera seront énormes
s'ils sont proportionnés aux besoins nombreux qui la
faisaient désirer : « La loi du 21 mars 1884, disait le
ministre de l'Intérieur dans sa circulaire du 25 août,
en faisant disparaître toutes les entraves du libre exercice du droit d'association, pour les syndicats professionnels, a supprimé dans une même pensée libérale
toutes les autorisations préalables, toutes les prohibitions
arbitraires, toutes les formalités inutiles. Elle n'exige
de la part de ces associations qu'une seule condition
pour leur établissement régulier, pour leur fondation
légale : la publicité. La pensée dominante du gouvernement et des chambres dans l'élaboration de cette loi
a été de développer parmi les travailleurs l'esprit d'association. »

B. — L'article 1ᵉʳ de la loi de 1884 consacre donc
implicitement la liberté complète d'association, par
l'abrogation des lois des 14-17 juin 1791, des articles
291-294 et 416 du Code pénal, et de la loi du 10 avril
1834, mais cette abrogation n'a lieu qu'au profit exclusif des associations professionnelles.

Quelles sont donc les associations appelées à jouir
du bénéfice de la présente loi ? Les articles 2 et 3 répon-
dent à la question.

Article 2 : « Les syndicats ou associations professionnelles, même de plus de vingt personnes exerçant
la même profession, des métiers similaires ou professions connexes, concourant à l'établissement de produits déterminés, pourront se constituer librement
sans l'autorisation du gouvernement. »

Article 3 : « Les syndicats professionnels ont exclusivement pour objet l'étude et la défense des intérêts

économiques, industriels, commerciaux et agricoles. »

Une seule condition est dorénavant exigée pour la formation de tout syndicat, c'est une déclaration préalable. « Le corollaire naturel et indispensable de la liberté, disait M. W. Rousseau, c'est la publicité. L'exercice d'une liberté n'a jamais intérêt à demeurer occulte, et nul syndicat ne doit être soustrait à l'obligation de remplir certaines formalités, qu'il veuille avoir ou non la personnalité civile. L'article 4 prescrit ces mesures de publicité : Les fondateurs de tout syndicat professionnel devront déposer les statuts et les noms de ceux qui, à un titre quelconque, seront chargés de l'administration ou de la direction. Ce dépôt aura lieu à la mairie de la localité où le syndicat est établi, et à Paris, à la préfecture de la Seine.

« Ce dépôt sera renouvelé à chaque changement de la direction ou des statuts. Communication des statuts devra être donnée par le maire ou par le préfet de la Seine au procureur de la République. »

Bien plus, l'article 6 prescrit aux divers syndicats professionnels de se concerter librement pour l'étude et la défense de leurs intérêts économiques, industriels, commerciaux et agricoles.

L'article 6 assure en quelque sorte aux syndicats régulièrement constitués le privilège de la personnalité civile, et ce, sans concessions individuelles, par le seul fait de leur création. Ils peuvent se constituer un patrimoine qui se composera « du produit des cotisations et des amendes, de meubles et valeurs mobilières et d'immeubles. » « A l'égard des immeubles, la loi leur permet d'acquérir seulement ceux qui sont nécessaires à leurs réunions, à leurs bibliothèques et à des cours d'instruction professionnelle. Ces immeubles ne doivent pas être détournés de leur destination. Les syndicats contreviendraient à la loi, s'ils essayaient d'en tirer un profit pécuniaire direct ou indirect, par location ou autrement » (1).

Le paragraphe 4 de ce même article est ainsi conçu : « Les syndicats pourront, sans autorisation, mais en se conformant aux autres dispositions de la loi, constituer entre leurs membres des caisses spéciales de secours mutuels et de retraites. »

En souvenir des exigences formulées par les corporations de métier du Moyen-Age qui exerçaient quelquefois sur leurs membres une dure pression, le législateur de 1884 assure la liberté des syndiqués. L'article 7 porte, en effet, que tout membre d'un syndicat professionnel peut se délier à tout instant de l'association, mais sans préjudice du droit pour le syndicat de réclamer la cotisation de l'année.

Le législateur a donc enfin consenti à accorder une parcelle de cette liberté d'association qui fait depuis si longtemps l'objet de toutes les discussions ; et, grâce à elle, les syndicats sont devenus de puissants leviers d'émancipation économique, d'union et de progrès.

Les syndicats agricoles surtout ont su tirer un avantage considérable des dispositions de la loi de 1884. Il y a là pour eux une source féconde de profit.

C. — Mais il ne faut pas que les associations professionnelles, quelque métier, quelque industrie, qu'elles embrassent, abusent de la situation privilégiée qui leur est ainsi faite.

(1) Circulaire ministérielle faisant suite à la loi.

Il ne faut pas que les syndicats deviennent des clubs et dégénèrent en instruments d'oppression et de désordre. Il ne faut pas qu'accaparant toutes les branches du commerce et de l'industrie, ils veuillent tout asservir à leur joug, tout monopoliser; parce qu'alors ils compromettraient par leurs agissements cette liberté d'association réclamée avec tant d'insistance, et dont ils sont pour ainsi dire un essai.

Il faut que l'expérience ainsi faite soit complètement probante, et qu'ils montrent par leur libéralisme, leur modération et leur sagesse, qu'ils sont dignes de soutenir la cause qui leur a été confiée.

CHAPITRE VIII

LES DIVERS PROJETS DE LOI SUR LA LIBERTÉ D'ASSOCIATION.

§ I. — Les projets abondent sur la question.
§ II. — Quel est le grief qui s'oppose à leur adop-
tion ?
§ III. — Étude des divers projets :
      1° Constitution;
      2° Caractère illicite;
      3° Capacité;
      4° Dissolution.

« Un peuple, a dit quelque part M. Guizot, n'a
jamais que les institutions qu'il mérite. » S'il en est
ainsi, il faut avouer que les Français ont toujours été
et sont encore à l'heure actuelle bien peu dignes de la
liberté d'association. Est-ce défiances de leurs propres
forces, est-ce par crainte d'abus inévitables? Toujours
est-il que, depuis 1810, le droit à l'association a été
enrayé par le système préventif, sans cesse impuissant
à réprimer les dangers des sociétés funestes, mais toujours à même d'étouffer au berceau les institutions les
plus utiles.

Diviser pour régner, isoler pour détruire, tel semble

être encore aujourd'hui la maxime de nos gouvernants
qui, resserrant leurs concitoyens dans les étroites barrières de l'article 291 et de la loi de 1834, ont toujours
suivi en matière d'association un système autoritaire et
antilibéral, théoriquement parlant, bien entendu. Pour
être la plus essentielle des libertés, celle de l'individu
n'est pas la seule. « La liberté d'association sous toutes
ses formes, a dit M. Leroy-Beaulieu (1), commerciale,
industrielle, ouvrière, religieuse ou politique, fait partie
de la liberté. Sans elle, il n'y a même ni vraie liberté,
ni régime libéral, il n'y a qu'une liberté boiteuse qui
cloche d'un côté. C'est à la conquête de cette liberté
d'association qu'il faut aller, c'est elle que le législateur doit conserver dans nos Codes, c'est à elle qu'il
doit rendre un hommage d'autant plus éclatant que son
attente s'est fait plus longuement sentir. » Nos mœurs
lui ont déjà donné asile; une loi qui la proclame est
nécessaire. Il faut que l'article 291, qui depuis cent
ans domine notre législation sociale, disparaisse; il
faut que l'union des cœurs et des volontés soit permise
dans notre pays où l'on permet déjà l'union des capitaux et des bourses. Savants, religieux, étudiants, il
vous faut conquérir, coûte que coûte, l'exercice d'un
droit aussi légitime, il faut par votre pratique constante de l'association, devancer l'heure où le législateur,
homologuera pour ainsi dire, la décision que vous aurez
prise depuis longtemps.

(1) *La Papauté et la Démocratie,* p. 155.

I

Cette liberté d'association, ce ne sont pas seulement nos mœurs qui la proclament, ce n'est pas seulement l'usage que les citoyens français en ont fait et en font actuellement qui la légitime, ce sont les voix les plus autorisées qui la demandent, ce sont nos représentants des deux Chambres qui en conçoivent le projet, c'est le gouvernement lui-même qui la fait espérer (1).

Dès 1869, une proclamation signée par des hommes devenus célèbres tels que Gambetta, Jules Ferry, représentait cette liberté comme le complément de toutes les autres, comme une nécessité sociale de premier ordre. Le 27 décembre de la même année Jules Favre déposait un projet de loi tendant à l'abrogation pure et simple de l'article 291 du Code pénal. Dans l'exposé des motifs, ce dernier dénonçait cet article, « inspiré par la défiance et brisant sous le niveau de la servitude, les plus utiles relations des hommes entre eux. Il (cet article) ne s'est maintenu que grâce à l'affaiblissement de nos mœurs publiques qui a permis tant d'usurpations et d'abus coupables. Nous n'avons pas d'autre hardiesse que d'être de notre temps en faisant disparaître de l'arsenal de nos lois une règle aussi contraire à notre dignité que choquante pour notre bon sens et blessante pour nos intérêts. Sans doute, cette

(1) Naguère encore le ministère Bourgeois, dans sa déclaration de novembre 1895, la mettait au nombre des revendications les plus légitimes et en promettait la prompte consécration.

suppression ne suffit pas. Nous aurons un peu plus tard, l'honneur d'appeler votre intention sur l'ensemble de la législation qui étouffe le droit d'association sous prétexte de le réglementer. »

C'est surtout depuis 1870 que les efforts les plus infructueux ont été tentés tant dans le parlement français que dans la presse, sans distinction de nuance politique, pour demander le droit à l'association : on dirait que les défaites que nous avons essuyées en 1871 eussent été pour les Français un stimulant à se grouper, à s'unir, à s'associer. Parmi les propositions de loi multiples qui se sont succédé, les unes plus hardies (et ce sont les plus nombreuses) demandent la consécration officielle du droit à l'association : d'autres, au contraire, cherchent une voie détournée pour atteindre ce but; ils se contentent de l'abrogation de quelque loi spéciale ou de l'extension à certaines catégories de citoyens, de dispostitions favorables qui ne sont encore que le monopole de quelques-uns. Beaucoup d'hommes politiques, les plus en vue de notre troisième République, se sont mis en tête de ce mouvement libéral : plaise à Dieu que tout l'ensemble de leurs projets réponde exactement au titre qu'ils leur donnent. C'est tout d'abord M. Floquet (1) qui disait : « Il est à ma connaissance personnelle que le gouvernement de la Défense nationale interrogé sur l'existence des articles 291 et 292 du Code pénal, et sollicité d'en prononcer l'abrogation, a répondu qu'il était impossible qu'aucune conscience droite considérat que ces articles fus-

(1) Cité par M. Cunéo d'Ornano. Rapport du 8 juin 1886.

sent encore debout après la révolution du Quatre-Sep-
tembre. »

Après lui, ou plutôt avec lui, ce sont MM. Tolain et
Brisson (1) qui demandent l'abrogation de ces mêmes
articles et de la loi de 1834, car ils considèrent « que
toute restriction apportée au droit d'association est une
atteinte au principe républicain. »

En 1879, c'est M. Louis Blanc, qui dans un discours
prononcé à Marseille, laissa échapper ces paroles signi-
ficatives : « on ne saurait trop tôt couper court au système de tyrannie qui étouffe dans les articles 291 et
suivants du Code pénal le principe d'association. Mais
pas de réglementation nouvelle susbtituée à la législation ancienne. Abuse-t-on en Angleterre, en Amérique
de ce que les droits d'association et de réunion ont
d'absolu ? Nullement. Et pourquoi ? Parce qu'un peuple
qui a foi en la liberté reçoit d'elle le pouvoir de s'en
rendre digne. »

Le 8 juin 1886, M. Cunéo d'Ornano demande l'a-
brogation pur et simple des dispositions du Code
pénal et de la loi de 1834, « dispositions que le Gouvernement de la Défense nationale considérait déjà en
1871, comme n'étant plus applicables. »

Les nombreux projets de loi déposés depuis trente
ans sont tous sans exception, de sévères réquisitoires
contre la législation qui régit actuellement les Français
en matière d'association.

Il en est quelques-uns, avons nous dit, qui visent le
même but par des moyens indirects ou plutôt qui,
tout en tenant compte des prohibitions du législateur,

(1) Rapport du 1er avril 1871.

cherchent à y apporter des tempéraments, ils veulent
que la règle en notre matière devienne l'exception
et que ce qui n'était que l'exception soit bientôt le
droit commun. C'est ainsi que MM. Laffon, Cl. Hu-
gues, Clémenceau et autres députés, ont demandé
le 14 novembre 1882 l'abrogation de la loi du 14 mars
1870 sur l'Internationale des Travailleurs dont ils
regrettaient « le caractère antijuridique et l'injustice
des dispositions vexatoires. » La liberté d'association, disaient-ils dans leur exposé de motifs, depuis
si longtemps réclamée, si impatiemment attendue par
la démocratie est l'instrument nécessaire de l'émancipation sociale. Cette liberté a été reconnue pour toutes
les constitutions républicaines. C'est à vous qu'il
appartient de la mettre désormais au-dessus de toute
atteinte. Pour atteindre ce but, la première et la plus
importante réforme à accomplir est de restituer aux
travailleurs les droits dont ils ont été dépouillés par la
loi. »

Le 8 juillet 1890, MM. Leveillé, Laguerre, Cluse-
ret proposèrent d'étendre aux professions libérales les
dispositions de la loi du 21 mars 1884 sur les syndicats
professionnels. » La chambre, disaient-ils, ne voudra
pas qu'en France, il y ait encore au point de vue des
droits, inégalité antirépublicaine entre les citoyens, et
que tout le monde, les étrangers eux-mêmes puissent
se syndiquer pour la défense de leurs intérêts, hormis
ceux qui ne pourraient sur la main, montrer l'em-
preinte du travail. » Avant eux, en janvier, 1887
M. Colfavru avait saisi la Chambre des députés d'une
disposition analogue.

Bref, nous nous plaisons à le répéter, les projets de

loi tendant à la concession en France de la liberté d'association sont légion, et les demandes successives déposées sur le bureau des deux chambres eussent été rapidement exaucées, si à l'horizon un nuage ne se fut élevé, si des restrictions n'avaient pas encore été apportées en quelque sorte, à l'usage si légitime de cette liberté.

II

La loi d'association, a dit M. de Broglie, est une loi qu'on présente toujours, qu'on retire ensuite et qu'on ne discute jamais. « Elle ressemble en quelque sorte à ces jouets qui, considérés comme dangereux, sont mis devant les yeux des enfants avides de s'en emparer, mais hors de leurs atteintes. Nouveau Tantale, le Français la sollicite continuellement croit enfin la posséder quand un renversement de ministère ou un renouvellement de la chambre semblent en retarder encore le vote ; alors que le véritable grief, le seul motif, il faut le chercher ailleurs, il faut le puiser dans l'opinion générale, dans certaines craintes qui ne sont le plus souvent que des chimères.

En 1810, en 1834 et en 1852, l'obstacle que l'on opposait continuellement aux partisans de la liberté d'association, c'était la puissance des associations politiques alors si redoutées. Qu'il s'agit de concéder la liberté à une académie littéraire, à une société de secours mutuels, à un établissement de bienfaisance, à un groupe d'étudiants, on hésitait sans cesse ; l'hésitation était bientôt suivie d'une prohibition formelle car on redoutait que derrière ces divers groupements, derrière ces associations variées, ne se cachassent quelques cercles politiques, quelques clubs dont les agissements seraient attentatoires à la sûreté de l'État. Depuis 1852 et en dépit de toutes les prohibitions, peut-être à cause d'elles, les associations politiques ont fait leur chemin et aujourd'hui, elles ne sont l'objet d'aucune mesure de défiance, d'aucun acte d'hostilité.

Le vent de l'opinion a changé. La question qui, à l'heure actuelle, soulève le plus de tempêtes oratoires, qui inspire les écrits les plus violents, c'est sans contredit, la question religieuse. C'est elle qui fait le fonds de toutes les luttes électorales, sans elle la discussion du budget de l'État serait bien allégée, et bien des difficultés applanies. Ce sont des motifs d'ordre religieux également qui s'opposent et s'opposeront encore long-temps peut-être à l'adoption de la loi sur les associations. « Différents projets, dit M. Weil (1) se sont succédé depuis plusieurs années sans aboutir, car les auteurs persistaient à soumettre à un régime uniforme les associations civiles et les congrégations religieuses, et la majorité n'a pas pu encore se résigner à admettre ces dernières au bénéfice du droit commun. Telle est la pierre d'achoppement qui a fait échouer tour à tour les mesures introduites au parlement. » La peur des congrégations religieuses, voilà donc le grand obstacle à la liberté d'association !

Cette peur se retrouve dans la plupart des projets élaborés depuis bientôt trente ans, dans toutes les dis-

(1) *Op. cit.*, p. 281.

cussions parlementaires, dans tous les articles de journaux.

Parmi les représentants des deux Chambres, certains avec une franchise indéniable font directement sus à l'ennemi et ne craignent pas de soutenir ouvertement que les communautés religieuses sont un danger pour la société. Tels sont d'une part, en particulier, MM. Laffon, Blatin, G. Rivet, d'autre part, MM. Hovelacque, Rathier et autres députés. Les premiers dans un projet déposé le 12 juillet 1888 insistent pour la disparition immédiate et sans délai des congrégations religieuses d'hommes. « La loi le commande, la morale publique le réclame » disent-ils ; ils punissent à l'avenir les contrevenants d'une amende de 100 à 10,000 francs et d'un emprisonnement de 15 jours à un an. Ils invoquent comme motifs « les périls qu'il y a à placer l'éducation de l'enfance à des hommes qui se sont volontairement placés en dehors des conditions ordinaires de la vie » et la situation « illogique, incohérente et contradictoire » des congrégations dans notre législation actuelle.

Les autres, encore plus catégoriques, veulent supprimer toutes les congrégations religieuses et nationaliser tous les biens qu'elles détiennent (1). « Les congréganistes, disent-ils, en abdiquant leur liberté et en se plaçant sous la dépendance absolue des évêques et du pape, en déclinant le droit par lequel une chose peut leur appartenir en propre (résolus ainsi à vivre de mendicité ou de revenus de biens soustraits à la circulation) en se dérobant ainsi à la famille, se sont délibé-

(1) Projet 12 décembre 1891.

rément et sans contrainte éliminés de l'ordre social. L'ordre social les évinçant ne fait que ratifier leur résolution et en tirer les conséquences logiques..... »

D'autres députés ou sénateurs n'osent aborder franchement la question et c'est timidement qu'ils retirent aux congrégations religieuses dans les articles de leurs projets, cette liberté d'association qu'ils inscrivent au frontispice de leur œuvre. Nous citerons en particulier M. Waldeck Rousseau (13 mars 1882) qui non seulement redoute les vœux monastiques, mais fait encore aux communautés religieuses le reproche de recruter leurs membres partout, même à l'étranger. L'honorable sénateur regarde la soumission a des règles « étroites et austères » comme des « vertus ayant passé pour chrétiennes » mais aussi comme la présomption « d'une intention dangereuse et menaçante. » Il met au ban de la législation les congrégations religieuses auxquelles il refuse la liberté et contre lesquelles il édicte de sévères pénalités.

Avant lui, le 3 avril 1879, M. Cantagrel avait déjà songé à faire abolir par la Chambre les articles du Code pénal sur les associations illicites ; il refusait le droit à la vie, aux corporations religieuses « dont l'esprit n'est en réalité que superstitieux » lesquelles corporations, véritable danger sous la monarchie, sont pour la République une menace perpétuelle.

Nous en dirons autant du projet déposé au nom du gouvernement le 5 juin 1888 par M. Floquet qui redoute surtout la constitution et le développement des biens de mainmorte et le 16 janvier 1892 par MM. Constans et Fallières, lesquels croient du devoir du législateur de présenter les mesures nécessaires pour qu'il ne soit pas porté atteinte à la liberté des associés. »

. M. Marmonier, dans un projet déposé le 3 avril 1888, essaye de démontrer le danger des congrégations, et demande au législateur de se montrer, à l'avenir, plus sévère et plus défiant à leur encontre.

Les divers projets de M. Goblet, l'un du 1ᵉʳ décembre 1891, l'autre du 9 novembre 1895, projets déposés dans le but de préparer et de hâter la séparation de l'Eglise et de l'Etat, respirent également la crainte de leur auteur pour les congrégations religieuses.

Cette peur ne se manifeste pas exclusivement dans les divers projets relatifs au droit d'association, elle a également percé au Sénat le 4 mars 1883, et c'est elle qui fut la cause immédiate du rejet de la proposition Dufaure. M. Jules Simon, secondé par M. Chesnelong, n'a pas réussi à faire triompher ses idées libérales, et le projet qu'il défendait a dû succomber devant les attaques de MM. Corbon, Tolain et Clamageran. Ces derniers redoutaient les congrégations religieuses, dont l'action en France, disaient-ils, a toujours été malfaisante. Ils firent tous leurs efforts pour faire repousser cette loi, car, disait M. Tolain, « ce que vous voulez reconnaître, c'est non la liberté des congrégations, la liberté pour des dogmes immuables de se développer et de s'imposer, mais les principes de la Révolution française, dont la base est la liberté individuelle, se développant complètement et affranchissant l'individu. » Leurs efforts furent couronnés de succès et l'article 1ᵉʳ (c'est-à-dire tout le projet) fut repoussé par 169 voix contre 122.

La plupart des journaux eux-mêmes se font les propagateurs de cette doctrine, ils réclament la liberté d'association, mais ils ont soin d'ajouter : sus aux congrégations religieuses. M. Ed. Vaillant, député socialiste, écrivait naguère dans la *Petite République :* « Nous comprenons très bien que les associations de nos ennemis réactionnaires-capitalistes et cléricaux seraient de véritables puissances, incomparables avec celles des associations populaires et pauvres. Nous savons, par exemple, quels dangers font courir à la société civile et à la civilisation, l'Eglise et ses congrégations. Mais ces questions se règlent en toutes occasions, et se régleront par des lois et mesures spéciales en rapport avec l'état de l'opinion et l'énergie de la volonté populaire. »

Vouloir faire admettre la liberté d'association en y apportant des exceptions, ce n'est plus proclamer la liberté. Supprimer les congrégations religieuses, « c'est faire renaître, dit M. Alix (1), revivre, se rallumer ce qu'il y a de plus lamentable dans l'histoire de l'humanité : la lutte religieuse. Nous verrons un gouvernement, et un gouvernement républicain, après cent ans de révolution accomplie au nom de la liberté, faire reculer la société actuelle, non pas de vingt ans, non pas de cent ans, mais de 3oo ans ; on nous ramènerait à la fin du seizième siècle, avant cet édit de Henri IV, qui clôt dans l'histoire la période des guerres religieuses et par là-même ouvre définitivement l'ère des temps modernes. » Consacrer le droit à l'association et le refuser aux membres des congrégations religieuses, c'est donner d'une main et reprendre de l'autre, c'est

(1) Discours 24 janvier 1895.

faire admettre dans notre droit public, une maxime que repousse le droit civil, à savoir : Donner et retenir ne vaut. Ce qu'il faut, c'est la liberté, et la liberté pour tous, sans exception, c'est la faculté pour tous les individus comme pour toutes les associations d'agir à leur gré, pourvu qu'ils n'ébranlent pas les principes essentiels de l'ordre social ; c'est l'effacement du privilège, aussi bien en faveur des religieux que contre eux, c'est le règne du droit commun, en un mot, une juste et bienfaisante égalité. C'est ce qu'ont bien compris quelques législateurs, qu'on peut classer parmi les esprits éminents de notre troisième République et dont les noms seuls suffisent pour donner à leur œuvre un cachet de libéralisme et d'équité.

MM. Dufaure et J. Simon ont tour à tour essayé de réglementer la liberté d'association. Leurs projets n'en formaient qu'un seul, M. J. Simon ayant accepté les fonctions de rapporteur de la proposition de loi présentée par M. Dufaure (à la mort de ce dernier). Eux, du moins, mettaient sur le même pied les congrégations religieuses et toutes les autres associations, et leur devise en cette matière était celle-ci : Unité, publicité, liberté. Ils savaient que l'usage de toute liberté est voisin de l'abus, et ils défendaient un projet de loi non pas pour créer des privilèges pour ou contre certaines associations, mais simplement pour réprimer certains abus et pour consacrer au profit de tous les Français, sans exception, cette égalité et cette liberté qui leur étaient si chères et pour lesquelles ils ont constamment lutté. Etaient considérées comme des infractions, les seules associations qui se livraient à des entreprises ou actes qualifiés crimes ou délit par la loi ou contraires aux bonnes mœurs.

Le 17 juin 1880, M. Dufaure déposait au Sénat une proposition de loi sur le droit à l'association. Il voulait alors soumettre au vote de ses collègues une « loi d'égalité en même temps que de liberté. » « Le droit de s'associer, disait-il, aussi bien que le droit de manifester sa pensée par la voie de la presse, de professer librement sa religion, d'enseigner, de travailler, appartient à tout le monde. » Il ajoutait, relativement aux congrégations religieuses : « Je crois absolument chimérique ces craintes des adversaires du droit d'association », et empruntant les paroles de M. Bertauld à l'Assemblée nationale en 1872, il disait : « Nous ne voulons pas de privilège pour les congrégations, nous n'en voulons pas contre elles. Nous essayons d'établir leur liberté sur les libertés publiques. Accoutumons-nous à respecter la liberté en autrui, principalement parce que c'est le devoir et aussi parce que c'est le moyen d'assurer notre propre liberté. » Il terminait en demandant le vote de cette proposition de loi qui pouvait « réaliser deux choses qui feraient honneur à la République la liberté dans l'exercice d'un droit précieux et l'admission de tous les citoyens à la jouissance de cette liberté. »

M. J. Simon fit le 27 juin 1882 au Sénat, le rapport sur la proposition de loi de M. Dufaure. Comme lui, il défendit les principes libéraux, comme lui, il voulait l'égalité pour tous et l'égalité dans la liberté. « Redouter pour ses écoles la concurrence, disait-il, pour sa doctrine, la discussion, en appeler contre ses adversaires à la force, leur ôter le moyen de lutter pour triompher ensuite aisément sans avoir même à combattre c'est un système de gouvernement qui a un nom dans l'histoire : il s'appelle le despotisme. Ouvrir à tous la barrière, faire à tous part égale de champ et de soleil, respecter la liberté de l'ennemi, le droit de l'ennemi, ne compter pour vaincre que sur la force de la vérité, c'est aussi un système connu quoique moins souvent pratiqué de gouvernement ; il s'appelle la liberté, la philosophie moderne. C'est cet esprit qui nous a animés quand nous avons voulu sur les pas et sous la conduite de M. Dufaure fonder la liberté d'association. Si vous acceptez notre proposition, il n'y aura plus de privilèges en France ni pour ni contre personne. Toutes les associations seront régies par la même loi. « Et lorsqu'en mars 1883 eut lieu au Sénat la discussion dont nous avons parlé, M. J. Simon se fit avec acharnement le défenseur de ces principes d'équité. Il fut vaincu, mais sa défaite fut plus éclatante et plus glorieuse que ne l'était la victoire de ses adversaires car il fut le champion de la liberté.

Avant lui, M. Bertauld, rapporteur du projet Tolain à l'assemblée nationale de 1872, M. Barthe dans son projet de loi du 15 décembre 1879 s'étaient faits les défenseurs des mêmes idées d'égalité et de justice. Il faut encore citer en décembre 1886 M. Duchatel et en juin 1894 M. l'abbé Lemire qui tous deux, demandent dans leurs projets la liberté d'association pour tous les Français sans exception.

14

III

Etude de divers projets de loi (1).

Ceci posé, il nous reste maintenant à comparer entre eux les divers projets et à faire ressortir les différences que comporte leur étude. Nous étudierons successivement mais brièvement dans chacun d'eux le mode de constitution de l'association, son caractère illicite, sa capacité, sa dissolution.

A. — *Constitution de l'association.* — Tous les auteurs de quinze projets de loi s'entendent pour blâmer les dispositions du législateur de 1810 et de 1834 et se contentent d'exiger une simple déclaration à la naissance de toute association. Pourtant, nous l'avons vu, M. Bertauld ne se contente pas d'une déclaration pure et simple et les formalités de procédure qu'il exige paraissent transformer sa déclaration en autorisation préalable, mais une autorisation donnée par la

(1) Quinze projets approfondis sur la liberté d'association ont été déposés sur le bureau des chambres depuis vingt-cinq ans. Ils sont dus à l'initiative de MM. Bertauld (17 janvier 1872). — Cantagrel (3 avril 1879). — Barthe C. (15 décembre 1879). — Dufaure S. (3 juillet 1880). — W. Rousseau C. (février 1882, p. 345). — Eymard Duvernay S. (Mars 1882, p. 73). — J. Simon S. (juillet 1882, p. 422). — W. Rousseau S. (décembre 1883, p. 1018). — Duchatel C. (décembre 1886, p. 1741). — Marmonnier C. (juillet 1888, p. 597). — Floquet C. (juillet 1888, p. 711). — Goblet S. (décembre 1891, p. 832). — Constans C. (mars 1892, p. 98). Lemire C. (juin 1894, p. 861). — Goblet C. (novembre 1895).

cour d'appel. Le procureur général a en effet quinze
jours pour s'opposer à la formation de l'association si
elle ne rentre pas dans le cadre des associations illicites qu'énumère le rapporteur. M. Barthe semble s'être
inspiré en quelque sorte des idées émises par M. Bertauld et il donne au procureur de la République un
délai de quinze jours pour faire opposition à la naissance d'une société qui serait contraire à la constitution
et aux lois. M. l'abbé Lemire exempte de toute déclaration les associations formées de moins de vingt membres ou celles qui ne se réunissent pas à des jours marqués et celles qui n'ont que l'enseignement pour objet.
M. Marmonnier qui prohibe les congrégations religieuses d'hommes se montre d'une sévérité draco-
nienne à l'égard des quelques congrégations religieuses
de femmes dont il tolère l'existence. Il exige pour elles
une autorisation préalable. Les statuts contenant des
indications détaillées doivent être déposées entre les
mains du préfet qui donne son avis. La demande d'autorisation est publiée à l'Officiel. Une enquête de *com-
modo* est faite dans les deux mois et ce n'est qu'après
ce long délai que peut intervenir un décret du Président de la République après avis motivé du conseil d'É-
tat. M. W. Rousseau exige également l'autorisation
préalable pour la formation des associations entre Français et étrangers et celle des congrégations religieuses.

Ces quelques exceptions mises à part, et sans parler
de ceux qui, comme M. Goblet, n'exigent la déclaration que pour les associations dont les membres vivent
en commun et permettent à toutes les autres de se former sans publicité préalable, tous les législateurs s'entendent sur le principe de la déclaration; ils se sépa-

rent quand il s'agit de déterminer les modes de publi‑
cité. Quelques-uns, et c'est le plus grand nombre, se
contentent du dépôt des statuts et de l'indication du
titre, de l'objet, du siège, de l'association et des noms,
âge, profession, nationalité, domicile des fondateurs et
administrateurs (1).

M. Constans exige que l'autorité soit renseignée en
plus sur les nom, prénoms, profession de tous les
adhérents, tandis que les autres demandent seulement
que la liste des membres soit déposée au siège social et
communiquée à toute réquisition de l'autorité. M. Flo‑
quet n'exige cette liste que pour les associés vivant en
commun. MM. Fallières et Simon proposent que l'au‑
torité soit renseignée sur la situation financière de l'as‑
sociation.

A qui sera faite la déclaration ? Le plus souvent au
représentant de l'administration, c'est-à-dire le préfet
de police à Paris, le préfet ou le sous-préfet dans les
départements. Ce dernier avisera l'autorité judiciaire
dans un certain délai (ordinairement 8 jours). C'est tout
au moins l'opinion de MM. Duchatel, Dufaure et Simon.
MM. Cantagrel, Lemire, Eymard Duvernay se con‑
tentent d'une déclaration faite à la mairie de la com‑
mune où l'association a son siège. MM. Constans et
Marmonnier exigent qu'avis en soit donné au parquet
du tribunal d'arrondissement. M. Barthe propose de
déposer quatre exemplaires des statuts, savoir : au pro‑
cureur de la République, au procureur général, au
préfet, au ministre de la Justice. Il en est peu qui,

(1) Cf. MM. Floquet, Cantagrel, Eymard, Duvernay, Bertauld,
Barthe, Lemire, Simon, Dufaure, Marmonnier.

comme M. W.-Rousseau, prescrivent pour la publicité de l'association un affichage au greffe du tribunal
civil et l'insertion dans cinq journaux du département
ou tout au moins dans celui chargé de recevoir les
insertions légales.

Toutes les fois qu'une modification sera apportée
aux statuts, qu'un changement surviendra dans l'objet
de l'association, une déclaration semblable à celle qui
est exigée à l'origine, devra également être faite. Il en
sera de même pour toute association qui voudrait se
fractionner en plusieurs grouqes. M. l'abbé Lemire
exige pourtant qu'un questionnaire soit adressé tous
les ans par le préfet au siège social, et que les renseignements complémentaires soient donnés tant sur les
modifications apportées aux statuts que sur le nombre
des associés.

Tels sont les seuls modes de publicité proposés par
les auteurs des projets de loi.

Quelques-uns comme MM. Goblet, Floquet, Constans, émettent de plus l'avis que tous les établissements
ou les associés vivent en commun, c'est-à-dire les congrégations religieuses, soient soumis à des visites
domiciliaires, véritables inquisitions faites par l'autorité administrative ou judiciaire.

En cas de non déclaration, ou de fausse déclaration,
les projets édictent des peines variant entre cinquante
francs d'amende et deux ans de prison ; quelques-uns
menacent de dissolution.

B. *Caractère illicite.* — Les associations peuvent
avoir dès le début un caractère illicite. L'examen de
leurs statuts peut dénoter les mauvaises intentions des
fondateurs. Qu'entendre par associations illicites? La

plupart emploient ce qualificatif pour désigner toutes
les associations qui seraient contraires aux lois, à l'ordre
public et aux bonnes mœurs, celles qui seraient composées en majorité d'étrangers ou qui auraient à leur
tête des étrangers, et les sociétés secrètes. Tels
MM. Constans, Floquet, Duchatel, Dufaure, J. Simon,
Barthe. Quant à MM. Waldeck Rousseau, Marmonnier et Cantagrel, ils considèrent de plus comme illicites toutes les associations où l'on vit en commun, où
l'on se lie par des vœux. M. Eymard Duvernay y ajoute
également celles qui ont un but délictueux, qui emploient des moyens révolutionnaires et qui font une
opposition violente aux droits de l'Etat. M. Marmonnier regarde comme telles celles qui ont pour but de
pousser au renversement de la république ou à la violation des lois. Quant à M. Bertauld, il allait encore
plus loin : dans l'article 5 de son projet, il considérait
comme illicites toutes associations ayant pour but de
changer la forme du gouvernement établi, de mettre
obstacle à l'action des pouvoirs publics ou d'en usur-
per les attributions, de provoquer. organiser ou sub-
ventionner les grèves, ou d'entraver par un moyen
quelconque la liberté du travail ou des conventions,
enfin de porter atteinte au libre exercice des cultes, aux
principes de la morale publique et religieuse, de la
famille, de la propriété, ainsi qu'à l'ordre public et aux
bonnes mœurs.

C. *Capacité de l'association.* — Tous les sénateurs
ou députés qui se sont occupés depuis 1871 de la question des associations, ont compris qu'il était nécessaire
d'accorder à ces dernières les moyens de vivre, de leur
concéder une certaine capacité. Par le fait seul de leur

existence, de leur déclaration, elles sont capables tout
au moins d'accomplir les actes de pure administration
et d'ester en justice. Un seul membre délégué par ses
coassociés pourra représenter l'association. Ici tous les
auteurs s'entendent; ce n'est que lorsqu'il s'agit de
savoir dans quelle mesure les associations pourront
posséder, que les avis deviennent partagés. M. Floquet
leur permet de posséder comme valeurs mobilières,
toutes les sommes qui leur proviendraient de la sous-
cription des membres entrant ou des cotisations an-
nuelles. Toutes les économies devront être placées en
rentes nominatives sur l'Etat français. Les associations
ne pourront avoir d'autres immeubles que ceux strictement nécessaires au but qu'elles se sont primitivement
assigné. Dans tous les cas, l'acceptation de libéralités
leur est interdite. Telle est aussi l'opinion de M. Marmonnier. M. Goblet leur interdit de capitaliser les
valeurs mobilières. MM. Eymard Duvernay et Duchatel n'exigent pas, au contraire, l'emploi de rentes
nominatives. M. Barthe n'apporte aucune entrave au
droit d'acquérir à titre onéreux. M. J. Simon, qui était
du même avis que M. Floquet en ce qui concerne les
acquisitions d'immeubles, ne voulait pas qu'un nouvel
associé put faire d'apport mobilier supérieur à la part
moyenne des premiers associés.

Tous les auteurs se rencontrent quand il s'agit d'interdire aux associations toutes acquisitions à titre gratuit provenant des dons et legs. M. l'abbé Lemire, s'ins-
pirant des projets de M. W. Rousseau propose d'appliquer dans tous les cas les dispositions du Code civil et
du Code de commerce relatives aux sociétés, et notamment les articles 953 et 1046 du Code civil (c'est dire

qu'il permet aux associations de recevoir des dons et legs). M. Bertauld donnait à toutes les associations l'autorisation de contracter à titre onéreux et d'acquérir des immeubles en France sans que cette acquisition ne put être limitée que par une loi, et cela sans effet rétroactif.

S'agit-il d'accorder aux associations la personnalité civile, de les connaître comme établissements d'utilité publique, la plupart sont d'accord pour exiger une loi, après une instruction administrative du conseil d'État.

M. l'abbé Lemire seul estime qu'un *décret rendu en conseil d'État* serait ici suffisant pour conférer cette personnalité que l'association ne pourra réclamer qu'après trois ans de fonctionnement comme société ordinaire.

D. *Dissolution.* — Elle sera le plus souvent judiciaire. Ses causes sont multiples. Elles varient avec tous les projets, et ne sont le plus souvent que la conséquence de la violation des articles des lois projetées.

Pourtant MM. Constants et Floquet admettent que l'intervention du Président de la République soit suffisante pour dissoudre les associations composées en majorité d'étrangers. M. Eymard Duvernay donne ce droit au conseil des ministres non seulement dans le cas précité, mais encore quand l'État se trouverait en face d'associations qui prendraient pour mot d'ordre l'emploi de moyens révolutionnaires, qui feraient une opposition violente et active aux lois de l'État, à l'autorité du pouvoir central, à l'unité et à l'indépendance du pays.

Les auteurs varient encore quand il s'agit de déterminer la façon dont sera liquidée l'association. Beaucoup admettent la répartition entre les associés de tous les biens acquis à titre onéreux : quant à ceux acquis gratuitement, ils feraient retour aux donateurs, ou à leur défaut à l'État. C'est l'opinion de M. W. Rousseau qui donne aux donateurs un délai de 6 mois pour revendiquer; M. Floquet leur accorde 5 ans.

Telles sont brièvement exposées, les différences que l'on peut faire ressortir entre tous les projets de loi émis sur la liberté d'association. Comme on le voit, ils se sont succédé depuis vingt-six ans avec une surprenante fécondité, mais aucun d'eux n'a pu encore aboutir. « On ne sait, dit M. Desjardins, ce qu'il faut le plus admirer de cette activité qui ne se lasse pas ou de cette inépuisable stérilité. » A quoi tient cette stérilité? Nous l'avons vu. La plupart des projets nous offrent la liberté, il est vrai, mais une liberté tronquée, une liberté trop pleine de restrictions. « Toute liberté légalement limitée, « dit M. Girardin, n'est plus la liberté, c'est la tolérance. On peut prétendre le contraire, mais le démontrer n'est pas possible. »

Aussi les législateurs se succèdent, les cabinets tombent et selon M. Leroy-Beaulieu « la République en travail ne peut accoucher d'une loi sur les associations. »

Faisons des vœux pour que cet enfantement si laborieux soit-il, arrive un jour à bonne fin, pour qu'aux lois actuellement restrictives, succède un régime vraiment libéral, et que nous puissions nous écrier, empruntant le cri de triomphe de Robespierre : « Il n'y a rien de commun entre ce qui est et ce qui fut. »

CHAPITRE IX

QUELQUES NOTIONS DE DROIT COMPARÉ.

§ I. — Belgique.
§ II. — Angleterre.
§ III. — Suisse.
§ IV. — Espagne.
§ V. — États-Unis d'Amérique.

En France, nous l'avons vu, le droit à l'association n'existe pas. L'arbitraire administratif seul préside à la formation de toutes les corporations, de toutes les sociétés. De nombreux projets de loi ont pu être déposés, depuis vingt-cinq ans, sur le bureau des deux Chambres; il est à craindre que des considérations d'ordre religieux s'opposent encore longtemps à leur adoption.

Si, maintenant, franchissant les frontières de notre pays, nous jetons un coup d'œil sur la carte de l'Europe et que nous consultons la législation en vigueur dans quelques-uns des pays qui la couvrent; bien plus, si franchissant l'Atlantique, nous abordons sur les côtes de l'Amérique et que nous y étudions ses lois, nous serons surpris, stupéfiés en même temps qu'attristés, de remarquer que notre pays est un des seuls ou la liberté d'association n'existe pas, et que, presque partout ailleurs, si elle n'est pas passée dans les mœurs, elle est tout au moins inscrite dans les lois.

I

La Belgique n'a pas longtemps gardé au nombre de ses prescriptions légales l'article 291 de notre Code pénal que nous lui avions légué, et dès 1831, alors que le Congrès national s'était réuni pour discuter la nouvelle constitution, fut voté l'article 20 qui consacrait la liberté d'association. « Les constituants, dit M. Van den Heuvel, étaient fermement décidés à respecter tous les droits des individus, à ne pas inscrire dans leur œuvre une disposition malheureuse qui aurait paru un héritage du despotisme antérieur. »

Cet article 20 est ainsi conçu : « Les Belges ont le droit de s'associer; ce droit ne peut être soumis à aucune mesure préventive. »

Dès le 16 octobre 1830, un arrêté du gouvernement provisoire avait proclamé ce droit à l'association dans plusieurs articles que nous nous plaisons à citer, car ils sont la preuve évidente de la manière dont nos voisins conçoivent la liberté.

Art. 1er. — Il est permis aux citoyens de s'associer comme ils l'entendent dans un but politique, religieux, philosophique, littéraire, industriel ou commercial.

Art. 2. — La loi ne pourra atteindre que les actes coupables de l'association ou des associés et non le droit à l'association lui-même.

Art. 3. — Aucune mesure préventive ne pourra être prise contre le droit d'association.

Art. 4. — Les associations ne pourront prétendre à aucun privilège.

Art. 5. — Toutes lois particulières et tous articles du Code civil, du Code pénal et de commerce qui gênent la liberté des associés, sont abrogés.

Mais il est fâcheux qu'il se soit également trouvé en Belgique des jurisconsultes comme Orts, Laurent, Frère-Orban, qui se soient laissés effrayer par le spectre des congrégations religieuses et qui, à cause d'elles, aient fait tous leurs efforts pour empêcher de concéder les moyens de vivre aux associations libres de naître. Leur tentative a pleinement réussi jusqu'ici. De même que la Charte belge n'avait jamais changé un iota au droit privé, et n'avait pas accordé aux associations le bienfait de la personnalité civile, de même encore aujourd'hui, tout acte dans lequel figure une corporation ou un établissement reconnu sous n'importe quelle forme, est nul de plein droit. « Mais en frappant les couvents, dit encore M. Van den Heuvel, ce n'est pas l'association religieuse seule qui a été frappée, ce sont les ressorts de la faculté d'association elle-même, qui ont été désorganisés, brisés, anéantis; c'est la liberté de se réunir et de joindre ses forces pour tenter un effort commun qui a été indignement méconnu et outragé, c'est le droit des individus qui a été atteint, annihilé, en tant que ce droit s'exerce au profit d'une idée généreuse ou philanthropique, de la légitime satisfaction à donner aux goûts artistiques ou musicaux, de la propagande littéraire ou scientifique. C'est la Constitution qui a été violée dans une de ses dispositions capitales,

dans une de ses règles bienfaisantes qui figurait au programme de 1830, au premier plan des revendications
nécessaires et qui consacrait une des bases de cette
alliance glorieuse scellée par le sang de nos héroïques
patriotes. »

II

L'Angleterre possède en matière d'association une
législation des plus libérales. Le droit à l'association
est reconnu par les lois et cela d'accord avec les mœurs
politiques du pays. Voici à titre de document l'article 58 de la Constitution anglaise, rédigée en 1869 :
« Tous les citoyens ont le droit de former des associations, sans autorisation préalable, et sans limitation
du nombre des associés. Cependant toute association
politique, dont les membres contractent des obliga-
tions sous serment et signent, sans en être requis ou y
être autorisés par la loi, une déclaration ou engagement quelconque, est illégale. Il en est de même des
sociétés qui gardent le secret sur le nom de leurs
membres et dans lesquelles les directeurs restent inconnus aux adhérents. La loi n'autorise pas l'affiliation
de plusieurs sociétés entre elles et la réunion de leurs
délégués respectifs en conférence générale, à moins
qu'il ne s'agisse des sociétés religieuses, de bienfaisance, ou de celles de l'ordre maçonnique. »
Ce droit à l'association a d'ailleurs toujours existé
dans la Grande-Bretagne ; pourtant, à quelques reprises, certaines mesures temporaires du Parlement

sont venues en suspendre l'exercice, notamment en
1797 et 1827. Malgré cela, il n'est pas de pays en
Europe où l'association ne soit plus florissante, où elle
n'ait fait plus de progrès, où elle ne rencontre moins
d'entraves.

En Angleterre, l'esprit d'association comprend tous
les actes et presque toutes les pensées et tous les désirs, celui de travailler ou de refuser à travailler, celui
de manger et de boire avec tout le confortable dési-
rable et même avec quelques excès, ou le désir tout
contraire de demeurer tempérant jusqu'à l'exclusion
des boissons fermentées et de la viande. Les associations ouvrières elles-mêmes ont trouvé, en Angleterre,
un sol fécond où elles peuvent se développer librement.

Les *Trades-Unions*, qui prirent naissance à la fin du
xviii⁰ siècle et n'eurent une existence vraiment publique
qu'à partir de 1824, sont des associations professionnelles exclusivement privées, venues de l'initiative individuelle et soutenues par leur seule force. L'Édit du
24 juin 1871 qui les régit, les définit de la façon suivante : une société faite à titre temporaire ou définitif,
en vue de régler les relations entre patrons et ouvriers,
ou entre ouvriers et ouvriers, ou entre patrons et patrons. Disons, en passant, que, depuis 1871, la personnalité morale leur a été accordée. Le secours mutuel s'est introduit dans des unions de métier : d'abord
accessoire, il est devenu pour beaucoup le but principal, pour ne pas dire exclusif.

III

En Suisse, le droit à l'association n'est pas limité. Depuis 1848, la liberté est donnée à tous les citoyens de former des associations, pourvu qu'il n'y ait dans leur but ou dans leurs moyens, rien d'illicite ou de dangereux pour l'État. Le Code suisse de 1881 distingue les associations ayant un but économique et celles ayant un but intellectuel ou moral, ces dernières pouvant, par l'inscription sur le registre du commerce, acquérir la personnalité civile.

« Le législateur Suisse a pensé dit M. Van den Heuvel qu'il devait laisser aux citoyens la même liberté de s'associer en vue d'un but moral, que pour la poursuite d'un lucre et il a placé cette liberté dans le corps même de sa loi civile générale, pour marquer d'une manière plus authentique quel est le droit commun des citoyens. »

Mais, il y a une lacune dans cette législation si libérale; les congrégations religieuses ont, de tout temps, été interdites en Suisse et le Code de 1881 n'a fait que consacrer à ce sujet la législation antérieure (1874 et 1848).

Le 14 avril 1891, un postulat Suisse avait pour but de demander au Conseil fédéral un rapport sur la question de savoir, « si l'on ne devrait pas protéger par des dispositions législatives spéciales, le droit des citoyens de former librement des associations, droit garanti par l'article 56 de la Constitution fédérale (1).

(1) *Annuaire de législation comparée*, 1892, p. 663.

IV

Le droit public Espagnol proclame dans l'article 13 de la Constitution du 30 juin 1876 le droit à l'association. Ce droit est réglementé par une loi de 1887, qui excepte toutefois de ses dispositions, les associations de la religion catholique autorisées en Espagne par le concordat. Le régime adopté par cette nouvelle loi, est le régime de la liberté garantie et contenue par la publicité. Les fondateurs d'une association doivent, huit jours au moins avant de la constituer, présenter au gouverneur de la province où elle aura son siège, deux exemplaires des statuts signés par eux. Il est tenu dans chaque gouvernement de province un registre spécial sur lequel, les associations ayant leur siège ou leur établissement dans cette province, seront inscrites au fur et à mesure de la présentation des actes constitutifs. L'existence de l'association est établie au moyen de certificats conformes au registre. Enfin, l'association peut être tenue de présenter à l'autorité quand celle-ci l'exige, un registre mentionnant les noms, surnoms, profession et domicile de tous les associés et indiquant ceux qui sont chargés de l'administration ou de la représentation. L'autorité administrative a seule le droit de suspendre la formation de l'association, si son but est jugé par elle illicite et alors, dans les vingt jours, l'autorité judiciaire sera seule compétente pour confirmer cette sentence de suspension (1).

(1) *Annuaire de législation comparée*, 88, p. 513.

V

A côté de ces pays, ou se sont infiltrés bien des rayons de liberté, il en est encore quelques autres comme la Russie, l'Allemagne et l'Italie ou le droit à l'association est encore à l'état de lettre-morte, plutôt ou toutes les associations sont soumises à l'omnipotence du souverain et à l'arbitraire de l'administration.

« D'ailleurs, dit M. Weil (2) les législations Européennes sont loin d'ouvrir aux esprits impatients et aventureux le champ qu'ils peuvent rêver. C'est à un nouveau monde qu'il leur faut aller. Ce n'est là que leurs aspirations seront pleinement satisfaites. Autrefois, on y trouvait l'or et l'argent. Les mines tendent maintenant à s'épuiser, mais ces terres heureuses recèlent des trésors d'un autre genre; on y récoltera plus d'une idée salutaire qui doit ranimer le vieux continent. »

C'est aux États-Unis d'Amérique qu'il faut aller en effet pour voir s'épanouir véritablement la liberté, et pour y voir fleurir, en dehors de toute ingérence gouvernementale, des associations libres et privées, de toutes sortes.

Le droit de s'associer est tellement étendu en Amérique que les sociétés peuvent s'organiser par la condition d'un bureau central et déléguer des députés à des assemblées générales appelées dans le pays *Conventions*. Que les sociétés ainsi constituées soient

(1) *Op. cit.*, p. 337.

politiques, religiéuses ou littéraires, la loi ne met nullement obstacle à leur réunion ni à la formation de conventions centrales. Les sociétés obtiennent facilement
la personnalité civile au moyen de l'*incorporation,*
simple déclaration publique faite à l'officier chargé de
la recevoir. Mais l'association même non incorporée,
n'est pas pour cela réduite à l'impuissance. La loi du
18 mars 1892 pour l'État de New-York est une concep-
tion très large et très compréhensive de la liberté
d'association. Son article 2 embrasse dans sa généralité toutes les sociétés quelles qu'elles soient. En résumé,
le droit à l'association, comme le droit de réunion, est
considéré comme un droit indiscutable dont les constitutions font à peine mention. « L'association, dit
M. Dareste, est envisagée comme un des moyens de
développement de l'activité humaine; il ne viendrait
à l'esprit d'aucun jurisconsulte américain de soumettre
un droit aussi primordial à l'auiorisation arbitraire du
pouvoir gouvernemental. »

Dans ce pays, où l'église est complètement séparée
de l'État, les associations religieuses sont libres au
même titre que les associations pécuniaires, au même
titre que les associations littéraires et scientifiques.

La grande République Américaine offre ici à notre
gouvernement un exemple dont il devrait tirer profit.
La législation libérale des États-Unis, en matière d'association, est vraiment une chose que nous puissions
envier dans notre pays de France, où les mots de
liberté et de progrès tombent à chaque instant des
lèvres de nos orateurs officiels et sont inscrits au som-
met de tous nos monuments publics.

ÉPILOGUE

Un étranger, un Américain par exemple, débarquant un jour dans notre pays pour y étudier nos institutions politiques, serait frappé de voir le grand nombre de sociétés de toutes sortes qui couvrent à l'heure actuelle notre territoire. Sa stupéfaction serait d'autant plus grande qu'il connaîtrait déjà le mécanisme de nos lois, qu'il aurait étudié à fond l'histoire de notre pays depuis 1789, et qu'il saurait que chez nous la liberté d'association n'existe pas.

En effet, tant au point de vue littéraire et philanthropique qu'au point de vue politique et religieux, partout, au nord comme au midi de la France, on voit s'épanouir d'innombrables associations; quelques unes autorisées, il est vrai, mais la plupart nées et constituées en dehors de toute autorisation administrative. Ici, ce sont des académies littéraires ou scientifiques, des sociétés de savants qui emploient leurs loisirs à l'étude des monuments de l'antiquité, ou à la découverte de nouvelles mesures d'hygiène pour le soulagement de leurs concitoyens et de l'humanité toute entière. Là, ce sont des assemblées de jeunes gens qui occupent leurs récréations à tirer à l'arc ou à faire du canotage. Là encore, ce sont des amateurs,

des éleveurs poussés par la passion des courses, qui
ont fondé c s sociétés pour l'amélioration de la race
chevaline. Là, ce sont des hommes plus pacifiques,
s'apitoyant sur les misères de leurs semblables, qui se
sont constitués en associations de bienfaisance et, soit
dans un but purement philanthropique comme certaines sociétés de fourneaux économiques, soit dans
un but religieux comme les conférences de Saint-
Vincent de Paul, vont porter au pauvre dans sa man-
sarde, au moribond sur son galetas, des paroles de
consolation et des secours matériels de toutes sortes.
Là, ce sont des comités politiques qui se réunissent
pour apprécier ou blâmer la conduite de leurs candidats et soumettre au choix des électeurs, des hommes
qu'ils croient capables de les représenter. Là enfin, ce
sont des congrégations religieuses, des monastères de
tous ordres qui ont été fondés. Les religieux qu'ils abri-
tent donnent en tout temps à leurs concitoyens l'exemple du travail appliqué et le spectacle du dévouement.

Oui, en France, l'esprit d'association a germé de
toutes parts et sur le sol fécond de notre patrie, il a
produit les fruits les plus admirables et les plus variés.
Et, malgré cet essor généreux, le législateur n'a pas
encore donné sa ratification. Si le gouvernement laisse
se développer ces associations, s'il ne met pas en interdit toutes celles qui se sont formées sans son consen-
tement, c'est par pur esprit de bon vouloir et de tolérance.

Mais la tolérance, n'est-ce pas autre chose que l'arbitraire? Et, quelque vaste que soit son empire, elle ne
peut tenir lieu d'un régime légal qui consacre le droit

acquis et en assure l'usage. « Je pense, dit M. Gide (1) qu'on ne saurait se contenter de cette tolérance : Je la crois même funeste à un certain point de vue. Je crois qu'une stricte application de la loi, serait en définitive plus utile à la cause de la liberté, et j'approuve la cour de Cassation pour avoir toujours appliqué vigoureusement les articles 291-294 du Code pénal ; si on avait toujours appliqué ces textes de loi à la lettre, je n'hésite pas à croire qu'ils seraient abrogés depuis longtemps déjà, et, dans tous les cas, on ne discuterait pas à cette heure sur la nécessité ou l'opportunité de leur abrogation. C'est une mauvaise situation pour un pays, quand les lois ne sont pas d'accord avec les faits. On oublie alors une loi dont on ne ressent plus les funestes effets ; on s'habitue peu à peu à voir l'arbitraire remplacer le droit et on s'en félicite aussi longtemps que l'arbitraire sert à corriger la loi. Mais nous vivons dans un pays où depuis cent ans les changements de gouvernement sont brusques et soudains. Tel gouvernement peut venir, peu favorable à la liberté publique, qui appliquera la loi à la rigueur et on comprendra alors combien il a été dangereux et imprudent de laisser ainsi dans l'arsenal de nos lois, des armes rouillées qui peuvent sortir du fourreau au moment ou l'on s'y attend le moins. »

L'esprit français est ainsi fait qu'il n'est jamais sûr d'avoir la liberté si une loi ne vient pas lui consacrer; comme si la loi créait le droit et comme si elle n'en était pas plutôt la gardienne et l'interprète.

D'ailleurs, nous le reconnaissons, ici plus qu'en toute

(1) Thèse p. 206.

autre matière, la nécessité, l'urgence de la loi se font
sentir. Le liquidateur a déjà consacré certaines applications du droit à l'association. Il a permis, nous
l'avons vu en particulier par la loi de 1884, de constituer des syndicats professionnels. Eh bien! la seule
persistance dans nos codes de l'article 291 du Code
pénal, entrave la formation d'un grand nombre de ses
syndicats, ou plutôt la loi se trouve appliquée dans un
but tout autre que celui que le législateur avait voulu
atteindre. Qu'arrive-t-il en effet? Sous la forme d'un
syndicat, bien des associations se sont constituées qui
n'ont d'autre visée que de satisfaire des ambitions politiques ou religieuses. Le gouvernement s'en émeut, il
sévit, et derrière ces associations qui n'ont rien de professionnel, ce sont les syndicats eux-mêmes qui sont
atteints. Qu'on donne à tous les Français la liberté
d'association, et de tels faits ne seront plus à redouter;
et les ouvriers de même profession pourront former
entre eux des sociétés sans que l'administration ne
vienne les inquiéter ni suspecter la pureté de leurs
intentions.

Nos besoins commerciaux et économiques, nos
besoins religieux et moraux réclament cette loi qui
nous facilitera la marche en avant et nous permettra de
braver bien des crises. Mais, nous le répétons, cette loi
ne sera bonne qu'à la condition d'être équitable, d'être
la même pour tous. Elle ne sera vraiment la loi de tous
les Français que si les passions ne viennent pas en
obscurcir la discusion et si la politique ne veut pas y
jeter ses irritations et ses colères. Vouloir mettre
à l'index les congrégations religieuses, comme le pré-

tendent certains projets de loi, ce n'est pas aimer la justice et c'est manquer de courage.

M. Ch. de Rémusat dans son histoire de l'Angleterre au xviiie siècle (1) en parlant de la session de 1805 ou Fox et les Wighs reprirent pour la troisième fois au moins la question d'émancipation des catholiques, s'exprime ainsi : « Puis vint l'embarrassante question des catholiques. Cette question est la la gloire des Wighs. Au risque d'affaiblir leur parti, de compromettre leur popularité, de créer dans l'avenir à la liberté politique de sérieuses difficultés, ils ont en tout temps, pour le seul honneur des principes et par par respect de la justice, épousé noblement une cause qui n'était la leur que parce qu'ils étaient les ennemis de l'oppression. »

Plaise à Dieu que nos législateurs français prennent modèle sur les Wighs d'Angleterre et que regardant la liberté face à face, ils sachent préférer, en cette circonstance, la grandeur de la patrie à de stériles rancunes. Nous pourrions, alors, avoir une loi qui ferait honneur et à notre pays et à ceux qui l'auraient votée, loi d'un large esprit libéral embrassant dans son application toutes les catégories de Français sans exception, loi que ne répudiraient pas les législateurs de la grande république Américaine, car elle aurait pour bases inébranlables : la justice, l'égalité et la liberté.

(1) T. II, p. 574.

Vu :
M. DESLANDRES.

Vu :
Le Doyen, E. BAILLY.

Vu et permis d'imprimer :
Dijon, le 18 Novembre 1896.
Le Recteur, G. BIZOS.

BIBLIOGRAPHIE

BEAUDOIN. — Des Associations religieuses et charitables. Thèse. Rennes, 1877.

BAUDRILLART. — La Liberté du travail.

HUBERT BRICE. — Thèse. Le Droit à l'association et l'État.

CHAUVEAU et FAUSTIN HÉLIE. — Théorie du Code pénal. Tome 3ᵉ, 5ᵉ édition, 1872.

DALLOZ. — Répertoire de législation. Vᵒ Association.

DRIOUX. — Étude économique et juridique sur les associations, pp. 1-15.

A. DESJARDINS. — La Liberté politique dans l'État moderne. Paris, 1894.

FUSTEL DE COULANGES. — La Cité antique.

GIDE. — Le Droit d'association en matière religieuse. Thèse. Paris, 1872.

JACQUIER. — Condition légale des Communautés religieuses. Thèse. Paris, 1869.

JARNO. — Associations à Rome et associations illicites. Thèse. Rennes, 1873.

LEROY-BEAULIEU. — Papauté, Socialisme et Démocratie.

MONGIN. — Situation juridique des Sociétés sans personnalité.

Journal Officiel. — Projets de loi divers.

Moniteur Universel. — Mars 1834.

Pandectes Françaises. — V° Associations et Congrégations.

Revue des Deux-Mondes. — 15 octobre 1891. J. DARESTE. La Liberté d'association, pp. 817-835.

SIREY. — *Recueil.* Nombreux arrêts.

DE TOCQUEVILLE. — L'ancien Régime et la Révolution.

TAINE. — Les Origines de la France contemporaine.

WORMS. — Liberté d'association à travers les âges.

VAN DEN HEUVEL. — Liberté d'association et personnalité civile.

DE VAREILLES-SOMMIÈRES. — Le Contrat d'association.

WEIL. — Le Droit d'association et le Droit de réunion devant les Chambres et les Tribunaux. Paris. Alcan, 1893.

TABLE DES MATIÈRES

Beaugency. — Imp. J. Laffray.

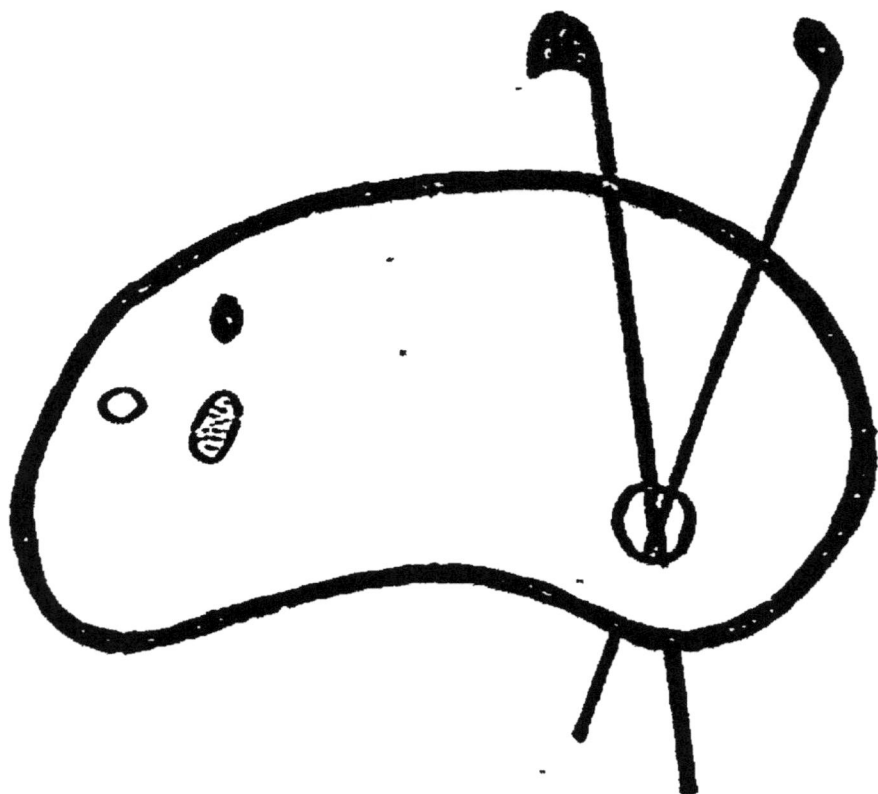

ORIGINAL EN COULEUR
NF Z 43-120-8

www.ingramcontent.com/pod-product-compliance
Lightning Source LLC
Chambersburg PA
CBHW071643200326
41519CB00012BA/2377